T0267730

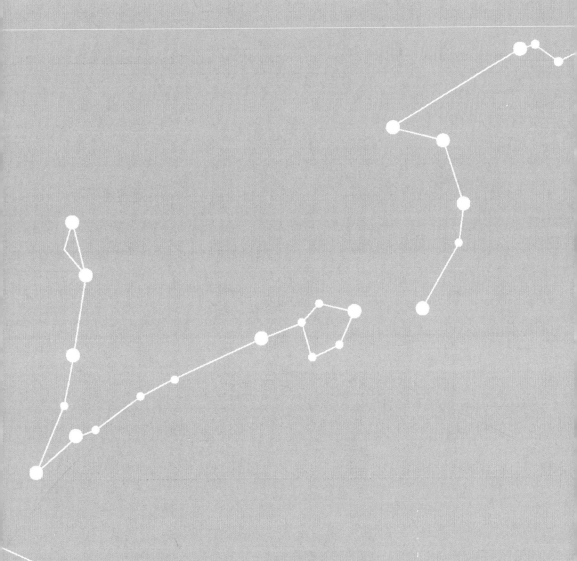

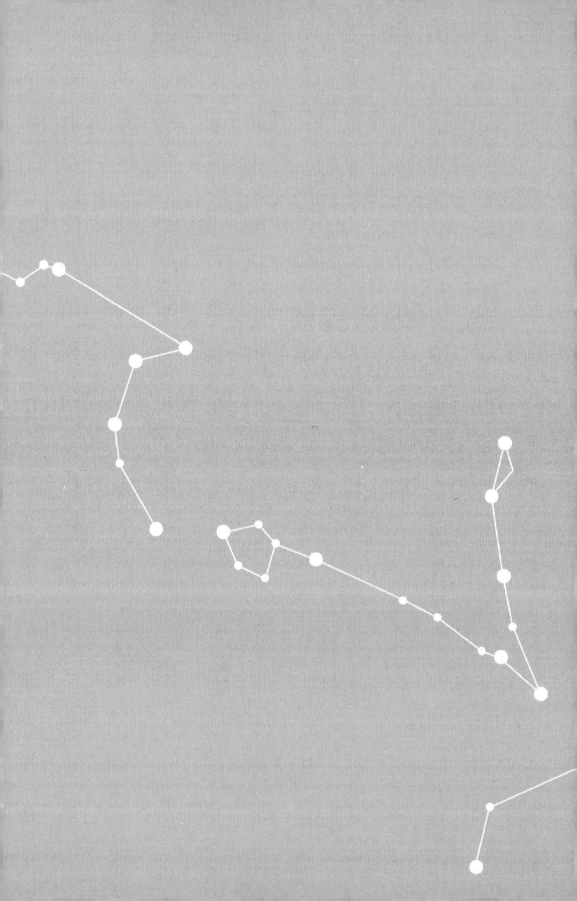

GUÍA COMPLETA DE
ASTROLOGÍA

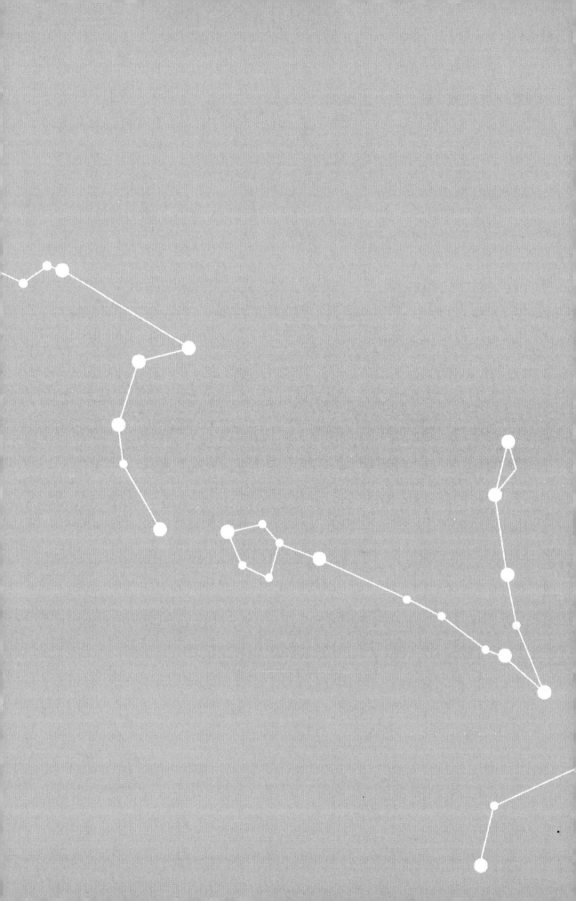

GUÍA COMPLETA DE
ASTROLOGÍA

Conócete, comprende
tus signos zodiacales y
entiende tu carta astral

LOUISE EDINGTON

www.edaf.net

MADRID - MÉXICO - BUENOS AIRES - SANTIAGO

2022

Título original: *The Complete Guide to Astrology,* por Louise Edington

© 2020, por Rockridge Press, Emeryville, California, una división de Callisto Media, Inc.
© 2022. De esta edición Editorial EDAF, S.L.U., por acuerdo con Callisto Media Inc., 1955 Broadway, Suite 400,
      Oakland, CA, 94621, USA; representados por Anna Gurguí Literary Agency, Barcelona
© 2022. De la traducción: Marta López Puentes

Ilustraciones de interior, adaptadas del original.
Maquetación y diseño de cubierta y de interior: Diseño y Control Gráfico, S.L.

Todos los derechos reservados

Editorial Edaf, S.L.U.
Jorge Juan, 68,
28009 Madrid, España
Teléf.: (34) 91 435 82 60
www.edaf.net
edaf@edaf.net

Ediciones Algaba, S.A. de C.V.
Calle 21, Poniente 3323 - Entre la 33 sur y la 35 sur
Colonia Belisario Domínguez
Puebla 72180, México
Telf.: 52 22 22 11 13 87
jaime.breton@edaf.com.mx

Edaf del Plata, S.A.
Chile, 2222
1227 Buenos Aires (Argentina)
edaf4@speedy.com.ar

Editorial Edaf Chile, S.A.
Avda. Charles Aranguiz Sandoval, 0367
Ex. Circunvalación, Puente Alto
Santiago - Chile
Telf: +56 2 2707 8100 / +56 9 9999 9855
comercialedafchile@edafchile.cl

2.ª edición, octubre de 2022

ISBN: 978-84-414-4158-3
Depósito legal: M-10944-2022

PRINTED IN SPAIN   IMPRESO EN ESPAÑA
Ulzama

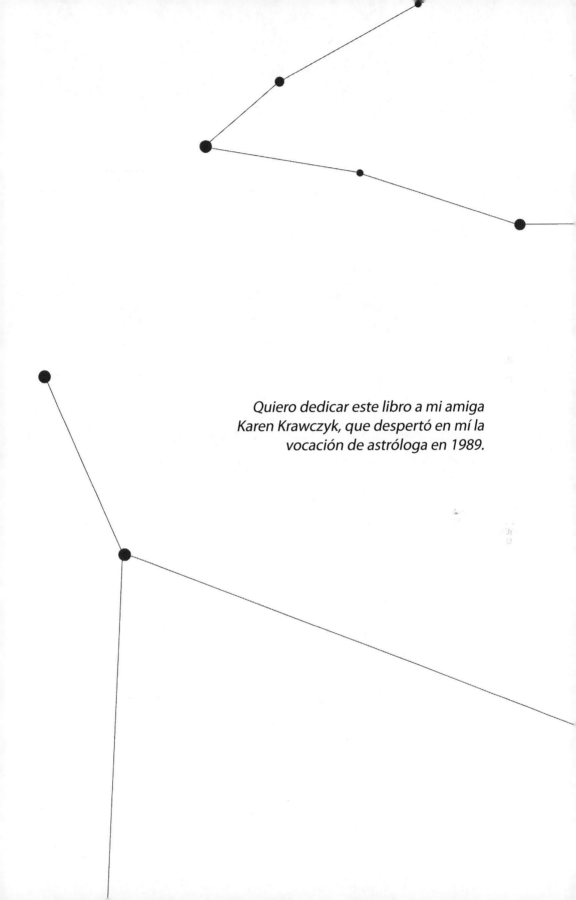

Quiero dedicar este libro a mi amiga
Karen Krawczyk, que despertó en mí la
vocación de astróloga en 1989.

Índice

Introducción

Guía completa de astrología: conócete, comprende tus signos zodiacales y entiende tu carta astral está escrito para todos los públicos, desde principiantes hasta expertos y estudiantes de nivel avanzado.

Mi intención en este libro no es otra que la de abordar un amplio abanico de información a través de un lenguaje comprensible, sencillo e integrador.

Para mí, la carta astral es un mapa de potencial y posibilidades. No diré nunca que un signo o una posición cualquiera sea del todo buena o del todo mala, porque considero que siempre se puede encontrar el modo de superar los obstáculos que dificultan e impiden el crecimiento, la evolución y la compatibilidad.

De ahí que este libro esté escrito desde ese prisma. Somos seres cargados de matices y cada uno de nosotros tiene la capacidad de decidir conscientemente cómo quiere recorrer su propio plano cósmico. Dicho esto, no recurro a la anulación espiritual —esto es, a la utilización de prácticas espirituales para obviar cuestiones o heridas que aún no han sanado—, sino que prefiero mirar a la sombra fijamente y ver cómo se puede sanar la herida o integrar la sombra en lugar de obviar que está ahí.

Te invito a que mires el tema del género con otros ojos. El lenguaje astrológico ha sido tradicionalmente binario, utilizando etiquetas de hombre y mujer, y de masculino y femenino. Sin embargo, nuestra carta astrológica, o plano cósmico, alberga todos los planetas y signos y, por lo tanto, todos ellos están dentro de cada uno de nosotros. La carta astral no muestra el género, así que este libro tampoco lo hace. Me centro en la persona en su conjunto y en sus características, eliminando por completo los identificadores binarios. El contenido de este libro te proporcionará una base sólida respecto a los aspectos fundamentales de la astrología y adopta un enfoque radicalmente diferente del lenguaje astrológico, a medida que vamos comprendiendo que los cuerpos planetarios y los signos son de naturaleza innatamente no binaria.

A lo largo de este libro integro los términos «día» y «noche» para reemplazar los términos «hombre/masculino» y «mujer/femenino» respectivamente, ya que ambos términos son menos limitantes. Se trata de un concepto que utilizaban los ancestros y que se ajustaba ligeramente a lo masculino y lo femenino para ellos. En el capítulo 1 profundizaré en este tema. Me gustaría agradecer al astrólogo Jason Holley por haberme descubierto este concepto y el trabajo de Robert Hand y Brian Clark por permitirme profundizar en él.

Los conceptos del día y la noche nos permiten adoptar un enfoque más humanista con respecto al mundo interior del alma. Por lo tanto, aunque este libro es en parte un manual de instrucciones para ayudarte a interpretar tu carta astral, lo cierto es que también te invita a adoptar un enfoque más radical y no binario del lenguaje astrológico.

Siempre me ha gustado la astrología. Todavía tengo cosas que escribí cuando era una adolescente que se dedicaba a descifrar las cualidades del signo solar. No fue hasta mi primer retorno de Saturno a los 29 años (cuando Saturno vuelve a la posición en la que estaba en nuestra carta natal) cuando descubrí lo que entonces definí como astrología «de verdad». Un amigo me leyó la carta astral y me regaló varios libros con los que me quedé enganchada. Eso fue en 1989.

Me devoré aquellos libros, aprendí a dibujar cartas astrales a mano, compré y devoré aún más libros, me suscribí a revistas y puse en práctica lo aprendido con mis amigos y sus hijos. Luego me casé y tuve hijos, tras lo cual mi intensidad astrológica se desvaneció durante unos cuantos años, aunque nunca dejé de sentir fascinación por la astrología.

En octubre de 2012, ya había cambiado dos veces de continente (de Reino Unido a Australia y posteriormente a Estados Unidos), mis hijos tenían 15 y 13 años, y trabajaba en el mundo del *coaching* cuando tuve una revelación sobre mi propósito de trabajar como profesional de la astrología estuve trabajando con un profesor de forma individual y recibí otras clases para perfeccionar este arte, y al cabo de unos meses empecé a trabajar como astróloga profesional. Hoy en día, sigo asistiendo a clases, porque la astrología es una fascinante e interminable madriguera en la que siempre hay algo más que descubrir.

Desde entonces, he realizado miles de lecturas, he impartido clases y he escrito artículos de astrología prácticamente a diario. En noviembre de 2018, publiqué mi primer libro, *Astrología moderna: aprovecha las estrellas para descubrir el verdadero propósito de tu alma*, cuyo objetivo era el de convertirse en una herramienta de crecimiento personal. Además, soy practicante chamánica y activista.

Soy un Sol de Sagitario con un *stellium* de Sagitario en la undécima y duodécima Casa, un ascendente de Sagitario y una Luna de Géminis. Para los que ya entienden los fundamentos de la astrología, esto les explicará que soy escritora, profesora y me atrae la justicia social y política, la cual no puedo evitar trasladar a mi trabajo.

Este libro está escrito para los que buscan alcanzar otro nivel en su estudio astrológico y hacerlo desde un espacio de inclusión. Este libro es para todos. Bienvenidos.

PARTE 1

LOS PILARES DE LA
ASTROLOGÍA

En la primera parte, echaremos un breve
vistazo a la historia de la astrología, el punto
en el que esta se encuentra hoy en día y cómo
contemplar el lenguaje de la astrología
de una forma nueva.

También trataremos algunos de los pilares
básicos de la carta astral y cómo puedes
empezar a interpretar la tuya.

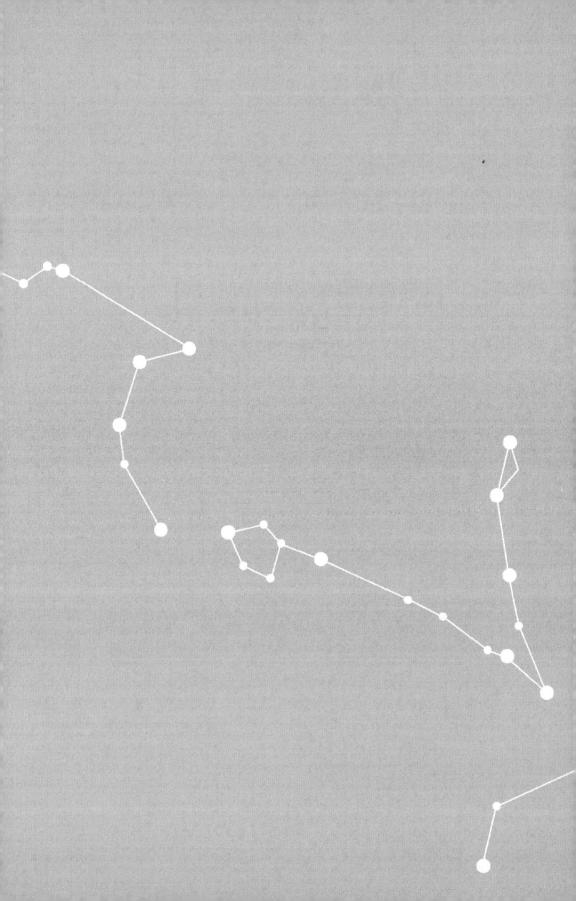

Capítulo 1
El pilar de la astrología

La astrología se ha empleado durante milenios en la predicción de acontecimientos. Sin embargo, últimamente la gente ha empezado a considerar la astrología como una herramienta para el desarrollo y el crecimiento personal, tratando de comprender sus propios patrones de conducta, sus creencias limitantes y su verdadero potencial.

Así, la astrología puede contribuir a que vivamos en consonancia con los elementos y ciclos de la naturaleza, a escoger el momento más adecuado, ya sea para el cultivo, las relaciones o la vida laboral, y a involucrarnos en la prospección psicológica y en las lecciones de vidas pasadas. La astrología nos ayuda a sanar esa desconexión con los ciclos naturales del universo y a vivir en armonía con los ciclos cósmicos que surgen naturalmente en nosotros.

En su punto más álgido, la astrología aúna la conexión espiritual de cada uno de nosotros con el universo y sus ciclos, y nos ayuda a tomar decisiones conscientes encaminadas a desplegar nuestro pleno potencial. Mi enfoque de la conciencia es humanista y psicológico, y mi objetivo se centra en el escenario interior. Todos los planetas y signos trabajan en la conciencia de nuestra alma. Hasta ahora, el lenguaje de la astrología se ha expresado de forma inadecuada. Pero los tiempos cambian y el lenguaje de la astrología también debe evolucionar.

¿Por qué funciona la astrología? La eterna pregunta. Mi opinión es que tiene una base milenaria de observación. Aunque ha pasado por periodos de decadencia, la humanidad siempre ha retomado el estudio de la astrología, porque una interpretación experta de los movimientos del cosmos proporciona respuestas al significado y a los ciclos de la vida.

¿QUÉ ES LA ASTROLOGÍA?

La astrología es una ciencia milenaria que emplea la observación de los ciclos y movimientos planetarios en el tiempo para registrar los patrones y acontecimientos desencadenados como consecuencia del movimiento del cosmos.

Del mismo modo que los ciclos de la Luna tienen un claro impacto en las mareas de la Tierra, en los ciclos menstruales y otros ciclos biorrítmicos, así como en nuestras energías emocionales, los demás cuerpos cósmicos —luminarias, planetas, asteroides y otros— también ejercen su influencia sobre nosotros. Todo está conectado en el universo, una realidad conocida desde hace mucho tiempo por los astrólogos, pero que ahora reconocen los científicos mediante la mecánica cuántica, que sugiere que cada átomo afecta a otros átomos. En la física cuántica, todo está compuesto por ondas y partículas y funciona según la teoría del entrelazamiento, que plantea que ninguna partícula es totalmente independiente.

En pocas palabras, todo en el universo funciona al unísono y el movimiento de los cuerpos cósmicos activa la energía en nuestro interior y en el mundo de la naturaleza. Dicho de otra forma, estamos mezclados con todo el universo. Todas las energías se entrelazan en una danza fascinante de magia y ciencia planetaria, y el lenguaje de la astrología interpreta ese baile.

Los orígenes de la astrología se remontan a miles de años atrás. Los arqueólogos han hallado indicios de que los humanos han seguido los ciclos lunares desde tiempos remotos, como es el caso de las pinturas rupestres donde se marcan los ciclos lunares. Algunas de esas pruebas podrían datarse en 30.000 años antes de Cristo.

Por lo general, se dice que la astrología tiene como base los sistemas calendáricos, pero yo sugeriría que éstos se basan en el movimiento de los cuerpos cósmicos: los primeros calendarios se fundamentaban en el movimiento del Sol, la estrella Sirio (calendario egipcio) o la Luna (calendario griego).

Es decir, primero se observaron y registraron los ciclos planetarios y, más tarde, los sistemas calendáricos surgieron a partir del movimiento del cosmos. De ahí que la astrología esté presente en las raíces de nuestras vidas.

La astrología ha evolucionado en el transcurso de miles de años y existen diversas disciplinas astrológicas entre las que destacan la astrología védica (Jyotish Vidya o hindi), un sistema basado en el zodiaco sideral y no en el zodiaco tropical utilizado por la astrología occidental; la astrología china, que se basa en un ciclo de 12 años; la astrología helenística, que es una tradición greco-rromana practicada desde el siglo I a. C. hasta el siglo VII d. C. y que actualmente está experimentando un renacimiento; y la astrología occidental moderna, la cual representa mi propia práctica y cuyo fundamento es el zodiaco tropical. La astrología occidental tiene su origen en la astrología ptolemaica y babilónica, que adopta un enfoque más psicológico y evolutivo.

Entre las grandes figuras de la historia de la astrología destacan Ptolomeo (siglo II de nuestra era), que escribió uno de los textos astrológicos más importantes, el *Tetrabiblos*; Carl Jung (1875-1961), precursor del uso de la astrología en el campo de la psicología; Alan Leo (1860-1917), a quien se conoce como el padre de la astrología moderna; y uno de mis favoritos, Dane Rudhyar (1895-1985), que acuñó el término «astrología humanista» y contribuyó a la creación de las prácticas astrológicas modernas.

Este libro parte de la tradición occidental moderna. No obstante, todas las tradiciones son válidas y solo difieren en su enfoque: algunas son más predictivas, como la védica, y otras cuentan con un enfoque más psicológico o de crecimiento personal.

La astrología occidental moderna se centra en la creación de una carta u horóscopo que se proyecta para una hora, fecha y lugar específicos utilizando el zodiaco tropical, que a su vez está basado en la relación simbólica entre la Tierra y el Sol. El zodiaco tropical divide la eclíptica en 12 partes iguales de 30° cada una (los signos) y está orientado a las estaciones, con el inicio del zodiaco en el equinoccio de primavera, al entrar el Sol en Aries. La eclíptica es una línea imaginaria, o plano, en el cielo que marca la trayectoria anual supuesta del Sol a lo largo de la cual se producen los eclipses.

LOS ORÍGENES HISTÓRICOS DE LA ASTROLOGÍA

Más allá de las primeras evidencias del seguimiento de los ciclos lunares en las cuevas y en los huesos, la historia documentada de la astrología comenzó con los sumerios de Mesopotamia hace 6.000 años, que observaban los movimientos del cosmos, al igual que la astrología védica o Jyotish, que surgió en la India hace al menos 5.000 años.

Entre el 2.400 y el 331 a. C., los babilonios, también conocidos como caldeos, crearon la rueda zodiacal con planetas, las 12 Casas representando las distintas áreas de la vida y el desarrollo.

Tras la conquista de Babilonia por Alejandro Magno, los griegos profundizaron aún más en la astrología, asignando a los planetas y a los signos del zodiaco los nombres que tienen en la actualidad. En el año 140 de la era cristiana, Ptolomeo publicó el *Tetrabiblos*, en el que se incluían planetas, Casas, aspectos y ángulos, todas ellas técnicas que los astrólogos siguen utilizando hoy en día.

A lo largo de los siglos, el estudio y el uso de la astrología tuvo fases de auge y decadencia en Occidente, sin embargo, prosperó en la Edad Media al formar parte de las matemáticas, la astronomía y el mundo de la medicina. Había astrólogos de la realeza y en las universidades más antiguas había cátedras de astrología.

A medida que la Iglesia fue ganando poder, la astrología empezó a decaer. La llamada Edad de la Razón, incluyendo el movimiento reformista protestante de los siglos XVII y XVIII, comenzó a promover la razón y el escepticismo frente a lo que se consideraba un mero entretenimiento. La astrología, por tanto, perdió popularidad hasta su resurgimiento a finales del siglo XIX.

LA ASTROLOGÍA EN LA ACTUALIDAD

La astrología occidental, tal y como la conocemos hoy, comenzó a resurgir a finales del siglo XIX. Por lo general, es a Alan Leo a quien se atribuye el interés renovado que despierta la astrología y el desarrollo de un enfoque más espiritual y esotérico como teósofo.

La teosofía es una enseñanza sobre Dios y el mundo basada en percepciones místicas. Alan Leo introdujo los conceptos de «karma» y «reencarnación» en su labor como astrólogo y comenzó a alejarse de la astrología orientada a los acontecimientos para adentrarse en el análisis del carácter.

En este resurgir también se involucró el teósofo Dane Rudhyar. Fue él quien comenzó el enfoque psicológico de la astrología y acuñó el término «astrología humanista». El trabajo de Rudhyar se basó en la teosofía y en las filosofías orientales principalmente, y recibió la influencia de la psicología de Carl Jung.

El trabajo de Rudhyar es la base de buena parte de la astrología moderna desarrollada en las décadas de 1960 y 1970.

La mayor parte de la astrología occidental moderna se centra en la vertiente psicológica y humanista, aunque es cierto que actualmente están rebrotando algunas técnicas más antiguas y predictivas, especialmente entre los astrólogos más jóvenes.

Las asignaciones de género de los planetas y los signos representan un problema en nuestro mundo actual. Lo femenino se suele atribuir fundamentalmente a la pasividad, la receptividad, la debilidad, la oscuridad y la destrucción, mientras que lo masculino se considera poderoso, activo, ligero, positivo y dominante, sin tener en cuenta otros géneros. Los nombres de los planetas se basan en los panteones romanos y griegos, de naturaleza estrictamente patriarcal. Solo la Luna y Venus, de entre los principales cuerpos esenciales, fueron designados con el género femenino. En cambio, esto no es así en otras culturas más antiguas, en las que los planetas se concebían de forma diferente. Un ejemplo de ello es la gran cantidad de diosas del Sol que había en las culturas ancestrales, donde la Luna se consideraba el esperma para el óvulo del Sol. En este libro, me alejo de estas definiciones binarias, porque todos somos Sol y Luna, al igual que otros cuerpos planetarios, y cada cuerpo cósmico tiene sus puntos fuertes y débiles, sin distinción alguna de género.

En este punto, integraremos y ampliaremos la teoría de una antigua técnica helenística conocida como sectas, que distinguía entre planetas diurnos (del día) y nocturnos (de la noche). Según este sistema, el Sol, Júpiter y Saturno eran diurnos, y Venus, Marte y la Luna, nocturnos. Mercurio servía de transición.

En la línea de algunos astrólogos actuales que están trabajando un enfoque más inclusivo y no binario del lenguaje astrológico, emplearemos las palabras «día» y «noche». Estas delimitaciones tienen sentido, ya que el día y la noche son visibles: el día es más yang u orientado hacia lo externo, y la noche es más yin, u orientada hacia lo interno. Como se muestra de forma clara en la tabla planetaria de la sección de tablas astrológicas, los cinco planetas personales —Mercurio, Venus, Marte, Júpiter y Saturno— tienen cualidades diurnas y nocturnas, en

Famosos adeptos a la astrología

A lo largo de la historia, la astrología ha sido popular entre líderes, gobernantes y otros personajes famosos. Los papas católicos se interesaban por la astrología en la Edad Media y confiaban en las predicciones y consejos de los astrólogos para programar las coronaciones y ayudarles a tomar decisiones importantes.

Carlos V fundó un colegio de astrólogos en París, Catalina de Médicis consultó a Nostradamus, y Ronald y Nancy Reagan acudían regularmente a astrólogos.

J. P. Morgan era uno de los muchos líderes empresariales que consultaban la astrología antes de adoptar decisiones empresariales, y en una ocasión manifestó en una declaración judicial: «Los millonarios no tienen astrólogos, los multimillonarios sí». Además, el que fue Secretario del Tesoro de EE.UU., Donald Regan, dijo en una ocasión: «Todo el mundo sabe que un gran porcentaje de los agentes de bolsa de Wall Street hacen uso de la astrología». Otras celebridades y personalidades conocidas de las que se sabe que han consultado a astrólogos son Lady Gaga, Madonna, Albert Einstein y Theodore Roosevelt.

función de la energía del signo que los rige tradicionalmente. De este modo, la interpretación es más profunda y nos aleja del lenguaje inherentemente patriarcal y binario de la astrología que se ha empleado hasta ahora.

El sistema solar es un organismo vivo, que respira y palpita, que inhala (diurno) y exhala (nocturno), y todos los cuerpos planetarios, signos, Casas y aspectos tienen energía diurna (inhala-ción) o nocturna (exhalación), y a veces incluso coexisten ambas. Yo asimilo el día con la energía de la inhalación, porque inhalamos el aliento de vida para dotarnos de energía para el día. Al llegar la noche, liberamos o exhalamos para recargarnos.

Así se refleja el entrelazamiento cuántico del sistema solar dentro de cada organismo vivo, y a su vez dentro de cada uno de nosotros.

Capítulo 2
Los cuatro elementos y las tres modalidades

En este capítulo, abordaré las tres modalidades (cardinal, fija y mutable) y los cuatro elementos clave (fuego, tierra, aire y agua). El término «modalidades» también designa las cualidades de los signos o su *modus operandi* básico: la forma en que funcionan. Cada una de las tres modalidades engloba cuatro signos astrológicos, uno por cada elemento. Estos cuatro elementos representan una característica respectivamente: el fuego corresponde al espíritu, el agua a las emociones, el aire a la mente y al intelecto, y la tierra a lo físico.

El zodiaco, igual que el propio universo, está compuesto por estos cuatro elementos que, en astrología, constituyen las características arquetípicas de una persona. De la misma manera que se alinean las luminarias, los planetas, los asteroides y otros cuerpos cósmicos en nuestro interior, también se alinean los elementos. Cada uno de ellos funciona en armonía con el resto, por lo que hay que tener en cuenta que cada uno de los elementos reside en cada una de las personas.

Cada elemento está ligado a tres signos del zodiaco y el elemento predominante en un horóscopo nos proporciona una clara indicación de cómo una persona puede reaccionar, actuar y comportarse. El análisis del equilibrio de los elementos en la carta astral por sí solo es muy revelador en cuanto a los rasgos primarios de una persona se refiere.

Los cuatro elementos se dividen a su vez en tres modalidades, tal y como se indica a continuación:

Aries es fuego cardinal
Tauro es tierra fija
Géminis es aire mutable
Cáncer es agua cardinal

Leo es fuego fijo
Virgo es tierra mutable
Libra es aire cardinal
Escorpio es agua fija

Sagitario es fuego mutable
Capricornio es tierra cardinal
Acuario es aire fijo
Piscis es agua mutable

La asociación de los elementos con las modalidades nos brinda aún más información sobre los rasgos primarios de una persona.

Por ejemplo, Géminis es aire mutable y, por tanto, es más probable que tenga un carácter cambiante; Libra es aire cardinal y, por ende, es más propenso a emprender ideas nuevas.

MODALIDAD CARDINAL

La primera de las tres modalidades es la modalidad cardinal, asociada a los cuatro signos que dan comienzo a cada uno de los cuadrantes del zodiaco natural: Aries, Cáncer, Libra y Capricornio. Aries y Libra son los signos cardinales diurnos (o de inhalación) y Cáncer y Capricornio son los signos nocturnos (o de exhalación).

En la medida en que las modalidades representan el funcionamiento básico de un signo, los cuatro signos cardinales representan energías precursoras de nuevos ciclos; tanto en las estaciones como en las etapas vitales y, por lo tanto, eso se refleja en su naturaleza. A los signos cardinales les gusta emprender nuevos proyectos. Son los pioneros del zodiaco, pero quizá les falte la fuerza y la persistencia necesaria para hacer que las ideas y los proyectos prosperen.

MODALIDAD FIJA

La segunda de las tres modalidades es la modalidad fija, asociada a los cuatro signos que se encuentran en el centro de cada cuadrante del zodiaco natural: Tauro, Leo, Escorpio y Acuario. En este caso también tenemos dos signos nocturnos (o de exhalación), Tauro y Escorpio, y dos signos diurnos (o de inhalación), Leo y Acuario.

Los signos fijos cumplen exactamente lo que dicen que harán. Su manera de comportarse consiste básicamente en fijar lo que los signos cardinales pusieron en marcha.

Poseen el potencial necesario para llevar a cabo los proyectos, planes e ideas de los signos cardinales o de iniciación. A los signos fijos les gusta la estabilidad y no el cambio. Pero la vida y el universo están en constante movimiento, de ahí la tercera modalidad.

MODALIDAD MUTABLE

La tercera de las tres modalidades es la modalidad mutable, que se asocia a los cuatro signos que concluyen cada cuadrante del zodiaco natural y que dan paso al comienzo del siguiente: Géminis, Virgo, Sagitario y Piscis. Géminis y Sagitario son los signos diurnos (o de

El horóscopo como rueda medicinal*

En las culturas chamánicas, los cuatro elementos y los cuatro signos de la modalidad cardinal también se han utilizado durante milenios como la rueda medicinal, que representa las cuatro direcciones cardinales a las que se hace referencia en las ceremonias y al comienzo de las estaciones. En el hemisferio norte, el cardinal Aries (fuego) marca el comienzo de la primavera, el cardinal Cáncer (agua) el del verano, el cardinal Libra (aire) el del otoño y el cardinal Capricornio (tierra) el del invierno. Este orden se invierte cuando se trata del hemisferio sur.

Las cuatro direcciones también representan etapas de la vida: el nacimiento (este, fuego y nuevos comienzos), la juventud (sur, agua, inocencia emocional y confianza), la edad adulta (oeste, tierra, energía física) y la vejez (norte, aire, sabiduría). Por lo tanto, el horóscopo en su conjunto se podría considerar una rueda medicinal o un círculo sagrado de la vida con el que alinearse. Cabe destacar que esta es solo una forma de ver esto y que las diferentes tradiciones chamánicas contemplan la rueda de la vida de una forma diferente.

Las estaciones del año se alinean con las de la vida a través del nacimiento (primavera), la juventud (verano), la edad adulta (otoño) y la vejez (invierno). Todo está conectado en el gran mandala de la creación.

*Nota: al final del libro el lector podrá ver con claridad esta tabla de la rueda medicinal por estaciones y colores.

inhalación), y Virgo y Piscis son los signos nocturnos (o de exhalación).

Como su nombre sugiere, los signos mutables son muy flexibles, cambiantes y versátiles. Por lo general, son capaces de ver todas las caras de los problemas y se adaptan bien a los cambios que la vida les depara. En cambio, es fácil que pierdan la concentración y el propósito en la vida e incluso que sufran el «síndrome del objeto brillante» y de distracción generalizada.

FUEGO

El fuego es la energía de la transformación y de la acción, y es energía diurna (inhalación). Al inhalar la vida, tomamos aire para ganar energía. También expandimos nuestros pulmones al inhalar; los signos y los planetas de fuego son expansivos o extrovertidos. El fuego es calor y movimiento. Si piensas en la energía de las llamas, al contemplar cómo centellean y danzan, comprenderás la esencia del fuego. El Sol proporciona a la Tierra y a la humanidad el calor y la luz que necesitan para sobrevivir.

El fuego es un elemento veloz y transformador, como el ave fénix que resurge de las cenizas de la destrucción.

Los tres signos de fuego —Aries, Leo y Sagitario— son positivos, inspiradores, entusiastas y confiados. Se les asocia en mayor medida con la energía diurna, que es más directa y está más focalizada en lo externo, pese a que todos los signos tienen su propia energía de fuego, pues todos somos elementos en diferentes proporciones.

Aries, regido por el dios guerrero Marte, es el primero de los signos de fuego y es el más directo y el más centrado. Leo, regido por el Sol, es confiado y le encanta recibir atención. Sagitario, regido por Júpiter, es expresivo e inspirador.

Todas las posiciones, las luminarias, los planetas, los asteroides o los ángulos en los signos de fuego adquirirán estas características.

Por ejemplo, las personas con Venus (valores y amor) en Aries son especialmente directas y se muestran más guerreras en sus relaciones. Las personas con Mercurio (mente y comunicación) en Leo tienen un estilo comunicativo cargado de autoridad.

AGUA

El agua es la energía de la receptividad y de la emoción, y es una energía nocturna (exhalación). El agua, al igual que ocurre con las emociones, es fluida y voluble. El agua representa un gran porcentaje del cuerpo humano y se podría considerar el elemento más crucial.

Cáncer, Escorpio y Piscis son los tres signos acuáticos; todos ellos se caracterizan por ser energías profundamente intuitivas y creativas.

La Luna rige a Cáncer y se asocia con la crianza y la maternidad. Plutón rige a Escorpio, que refleja la profundidad de este signo y está asociado con la obsesión y las complejidades psicológicas.

Neptuno rige a Piscis y está relacionado con todo lo referente a los estados de meditación o transformación, así como con los vínculos con el inconsciente colectivo o la energía espiritual.

Las posiciones de los signos de agua cobran una energía más fluida. Alguien con Mercurio (la mente y la comunicación) en Cáncer, por ejemplo, capta información de forma instintiva y la almacena en lo más profundo, puesto que Cáncer es una energía nocturna receptiva.

AIRE △

El aire conforma la energía de la mente o del pensamiento como energía diurna (inhalación). Es la respiración y también el viento. No podemos contener el aliento; este fluye hacia dentro y hacia fuera, del mismo modo que el viento es necesario para impedir que el aire que nos rodea se estanque. Géminis, Libra y Acuario son los tres signos de aire, y, por tanto, son signos que se caracterizan por la reflexión, las ideas, la sociabilidad y el análisis. Los signos de aire están asociados a la racionalidad y al hemisferio derecho del cerebro.

Géminis, regido por Mercurio, se asocia con la dualidad y el aprendizaje. Libra, regido por Venus, se asocia con la diplomacia, las relaciones y la mediación. Acuario está regido por Urano y se le asocia a la red de Internet por su conectividad de pensamientos, ideas y personas; a la inteligencia superior; a la inventiva y a la innovación.

Cualquier posición en los signos de aire tiene un sabor más aéreo si cabe. Alguien con Marte (impulso y voluntad) en Géminis, por ejemplo, aprende rápido y es probable que hable muy rápido y de un modo muy directo.

TIERRA ▽

La Tierra es la energía del mundo material, una energía que se puede tocar y sentir. La tierra es estable, práctica y paciente, además de ser una energía nocturna (exhalación). Tauro, Virgo y Capricornio son los tres signos de tierra, y son los signos por excelencia del trabajo duro, la construcción, la creación de bienes materiales y la conexión con el mundo físico y las estructuras.

Los signos de tierra son sensuales, tienen cualidades creativas y están conectados con los ciclos propios de la naturaleza, así como con el ciclo humano del nacimiento, la vida y la muerte.

Tauro, regido por Venus, es el más vinculado al mundo material y a la propia Tierra. Virgo, regido por Mercurio, está más conectado con el mundo técnico y la artesanía. Capricornio, regido por Saturno, es el precursor de los signos de tierra y es, al mismo tiempo, el signo del liderazgo y de los logros.

Cualquier posición de los signos de tierra adoptará el carácter distintivo del signo. Por ejemplo, alguien con Marte (impulso y voluntad) en Tauro se comportará de forma más pausada y reflexiva que alguien con Marte en el signo regente, Aries, que es sumamente rápido y directo.

Capítulo 3
Los signos del Sol ☉

En este capítulo, hablaré sobre los 12 signos solares del zodiaco. En la astrología contemporánea, los signos solares representan nuestro núcleo y se podrían considerar como una representación directa del ego. Los signos solares son esa parte del ser que casi todos reconocemos y constituyen la fuente de energía primaria que alimenta nuestro ser. En esta sección incluyo palabras clave, detalles técnicos —como el planeta regente— y algunos datos curiosos sobre cada signo. En esta sección abordaremos las dualidades (noche/femenino/yin o día/masculino/yang). Visualiza los signos como si de una evolución del desarrollo personal se tratara, desde el nacimiento (Aries) hasta el final de la vida (Piscis), de tal forma que puedas comprender mejor cómo se comportan los signos en tu interior, pues todos tenemos energía de cada uno de los signos en nuestro interior, sin importar el signo solar al que pertenezcamos.

ARIES ♈

Aries es el primer signo del zodiaco y se suele considerar el comienzo del año astrológico: la entrada (o el movimiento) del Sol en Aries señala el equinoccio de primavera en el hemisferio norte y, a su vez, Aries es el primer signo del horóscopo natural y rige la primera Casa.

Este signo abarca los primeros 30° del zodiaco y el Sol transita por él desde el equinoccio, entre el 21 de marzo y el 20 de abril, aproximadamente. Estas fechas varían según el movimiento real del Sol en el cielo desde nuestra perspectiva aquí en la Tierra.

Aries es un signo cardinal diurno de fuego al que rige Marte, el dios de la guerra, y representa la juventud, con un gran enfoque en el yo. El símbolo de Aries es el carnero, y su glifo es la representación de los cuernos del carnero. Aries guarda polaridad con el signo de Libra, un signo de aire, lo que supone que son complementarios y encajan bien.

La afirmación clave de Aries es «yo soy», lo que significa que se trata de un signo que gira en torno a sí mismo y al que le gusta ser el primero. Aries rige la cabeza y los ojos. El rojo es su color, el diamante es su piedra natal y su metal es el hierro.

Los rasgos más simpáticos de Aries son que son dinámicos, pioneros y se les percibe como líderes ante otros. En el plano interior, muestran un interés genuino y son muy valientes. Quizá tengan tendencia a ser agresivos y bastante reactivos si no se moderan. Los demás ven a Aries como alguien impaciente, impulsivo, y atrevidos.

Lady Gaga, Elton John, Nancy Pelosi y Leonardo da Vinci nacieron en Aries.

TAURO ♉

El segundo signo del zodiaco es Tauro. El Sol transita por este signo desde el 21 de abril hasta el 20 de mayo, más o menos, y rige la segunda Casa.

Tauro es un signo fijo nocturno de tierra y está regido por Venus en su encarnación del mundo material como diosa de aquello que se manifiesta. Al igual que Aries, este signo está representado por un animal con cuernos: el toro, lo que refleja el carácter directo y «cabezota» de estos dos primeros signos. El glifo de Tauro está representado por la cabeza y los cuernos del toro. Tauro simboliza la etapa de la vida en la que se establece la conexión con el mundo físico.

Escorpio es el signo que guarda polaridad con Tauro, y ambos se complementan muy bien. Como el toro fuerte y robusto que caracteriza al signo, la palabra clave dominante para Tauro es «construir», porque a los que han nacido bajo su signo les gusta cultivar aquello que perdura. El signo de Tauro se asocia con la garganta y las cuerdas vocales, la piedra preciosa con la que más se identifica es la esmeralda —pero al ser el más material de los signos, Tauro también se asocia con los zafiros— y el metal con el que se asocia es el cobre. Tauro encarna la sabiduría animal en cuanto a la agudeza de sus sentidos y a su sensualidad, practicidad y lealtad. En el plano interior, tienen un sentido de la conciencia muy profundo, paciencia y estabilidad, pero esto puede conducirles a ser tercos o testarudos, e incluso excesivamente materialistas en su afán de seguridad. Los demás ven a Tauro como una persona estable y sin pretensiones.

La reina Isabel II, Mark Zuckerberg y Dwayne «The Rock» Johnson nacieron bajo el signo de Tauro. (El apodo de «La Roca» es realmente un emblema del signo, puesto que las rocas son un elemento ligado a la tierra).

GÉMINIS ♊

Géminis abarca el tercer 30° del zodiaco. El Sol transita por este signo desde el 21 de mayo hasta el 20 de junio, aproximadamente, y Géminis rige la tercera Casa del zodiaco.

Géminis es un signo mutable diurno de aire y constituye uno de los dos signos regidos por Mercurio en su encarnación de mente/mensajero. Dicho signo simboliza a los gemelos y está representado por un glifo de gemelos separados pero conectados. El signo de Géminis refleja la etapa de la vida en la que empezamos a comunicarnos verbalmente y a tomar conciencia tanto de nuestra conexión como de nuestra desvinculación.

Sagitario es el signo que corresponde a la polaridad de Géminis. Al igual que Géminis es el signo de los gemelos, hay algunas piedras preciosas que se consideran amuletos de la suerte para este signo. Las piedras amarillas son las que más suerte traen, como el ágata, el citrino y el ámbar. No es de extrañar que el metal de la suerte de Géminis sea el propio mercurio. A Géminis se le asocia con el pecho, los pulmones, el sistema nervioso, los brazos y con los hombros.

Géminis es el pensador y simboliza la mente, la voz y la comunicación.

Su vida interior es curiosa, observadora, a menudo dispersa y puede ser muy nerviosa. Los Géminis se consideran sociales y verbalmente expresivos, pero a veces suelen dar la impresión de ser manipuladores y tramposos.

John F. Kennedy, Donald Trump, Paul McCartney, Prince y Bob Dylan nacieron en Géminis.

CÁNCER ♋

Cáncer es el cuarto signo del zodiaco. Entre el 21 de junio y el 20 de julio, el Sol transita por el signo de Cáncer.

Cáncer es un signo cardinal nocturno de agua al que se le atribuye la representación del cangrejo.

Se representa el signo con el cangrejo y su glifo son las dos pinzas de este en posición de protección. Este hecho ya revela gran parte de la energía del signo de Cáncer, ya que los Cáncer son principalmente introvertidos y protectores. La polaridad de Cáncer es el signo de tierra por excelencia: Capricornio. El metal de la suerte y las piedras preciosas asociadas a este signo evocan a su regente, la Luna: el metal es la plata y las piedras son la piedra lunar, la perla y el cuarzo blanco. A Cáncer se le atribuye el estómago, el pecho y los senos.

«Sentir» es la palabra que define a este signo, y es que los Cáncer son pura emoción e intuición. Cáncer es el signo del zodiaco que cuida; el que nutre y cría y, además, es muy tradicional y familiar. En el plano interior, es un signo extremadamente sensible y a veces tiende a ser inseguro y a entregarse hasta el punto de ignorar sus propias necesidades.

Otros los perciben como personas sensibles y cariñosas, no obstante, también pueden ser temperamentales.

Predicciones astrológicas populares

Las predicciones astrológicas que se publican en Internet, en revistas y en los periódicos representan el análisis de la carta de cada uno de los signos en su conjunto y son bastante genéricas. Sin embargo, tienen cierta validez, especialmente si conoces tu signo ascendente y puedes interpretar la predicción para ese signo, además del correspondiente al signo solar.

Las predicciones, cuando se hacen bien, se fijan en los tránsitos primarios de los planetas en ese momento y en cómo afectan a cada Casa astrológica al situar el signo solar en la cúspide de la primera Casa de una carta para ese momento en cuestión.

Por ejemplo, si Plutón está transitando en Capricornio y se está activando por otros tránsitos, y tú tienes un Sol de Libra, la predicción se basará en una carta con tu Sol de Libra en la cúspide de la primera Casa. Esa carta reflejará el tránsito de Plutón en su tercera Casa, puesto que Capricornio es el tercer signo después de Libra. Puede que la tercera Casa de tu carta natal no sea la misma, pero aun así habrá cierta consonancia.

Si eres de signo ascendente Libra, la predicción versará en general sobre los aspectos de la vida contemplados en tu propia tercera Casa. Si te interesa leer las predicciones generalistas, te vendrá bien saber cuál es tu signo ascendente.

La princesa Diana, el Dalai Lama, Tom Cruise y Meryl Streep nacieron en Cáncer.

LEO ♌

El quinto signo del zodiaco es Leo. El Sol transita por el signo de Leo desde el 21 de julio hasta el 20 de agosto.

Leo es un signo fijo de fuego y está regido por el Sol. Su símbolo es el león y su glifo representa la cabeza y la melena del león. Por su parte, la polaridad corresponde al signo de Acuario. Como cabe esperar, el oro es el metal asociado a Leo y las piedras preciosas de la suerte son de color dorado y ámbar, como el ámbar, el ojo del tigre y el topacio amarillo. Leo rige el corazón, la columna vertebral y la parte superior de la espalda.

Los Leo han nacido para liderar, y esa es precisamente la palabra que los caracteriza. Ya sea como rey, reina o líder en su propia Casa, los Leo han nacido para brillar y cautivar. Ansían captar la atención y acostumbran a ser melodramáticos y soberbios cuando viven en la sombra. Por lo demás, los Leo son dinámicos, seguros de sí mismos y bromistas. En su mejor versión, son magnéticos y afectuosos, e impregnan de luz la vida de los que los rodean porque llevan consigo el resplandor del Sol.

Barack Obama, Bill Clinton, Madonna y James Baldwin nacieron al amparo del signo de Leo.

VIRGO ♍

El sexto signo del zodiaco es Virgo. El Sol transita por él desde el 21 de agosto hasta el 20 de septiembre.

Virgo es un signo mutable nocturno de tierra, el segundo signo regido por Mercurio, pero su encarnación es más técnica, detallista y práctica. Este signo está representado por la doncella o la virgen, que se traduce, en este caso, en «una persona íntegra para sí misma». Su glifo se parece a la letra m, de «maiden» («doncella» en inglés) portando una espiga de trigo para representar la cosecha. Eso sugiere un estado del ser que refleja las energías de Virgo, más allá de limitarse a un género. Piscis es el signo de la polaridad de Virgo. Del mismo modo que Géminis, el otro signo regido por Mercurio, el metal de Virgo es el propio mercurio y las piedras preciosas de la suerte asociadas al signo son el zafiro,

el jade y el jaspe. El sistema digestivo y el bazo se asocian a Virgo.

La energía de Virgo plasma el principio de servicio, puesto que les encanta sentirse útiles en el mundo. Los Virgo están atentos a los detalles y son muy analíticos. Su mundo interior es, por lo general, autocrítico y tienden a preocuparse con frecuencia. Pueden inclinarse por la servidumbre más que por el servicio y, de paso, olvidarse de cuidarse a sí mismos. Otros ven a los Virgo como gente ética y organizada, aunque yo creo que es un mito eso de que los Virgo sean siempre ordenados. En parte, porque su tendencia al perfeccionismo puede desembocar en una parálisis por análisis. «Analizar» es la palabra estrella de Virgo.

El Príncipe Harry, la Madre Teresa, Bernie Sanders y Freddie Mercurio de Queen nacieron con el signo de Virgo.

LIBRA ♎

El séptimo signo del zodiaco lo conforma Libra. El Sol transita por Libra desde el 21 de septiembre hasta el 20 de octubre.

Libra es un signo cardinal diurno de aire en el que Venus rige su versión más racional. Libra está regido por Venus a través de su encarnación más intelectual. El símbolo de Libra es la balanza y su glifo refleja tanto el equilibrio como el Sol poniente coincidiendo con la llegada del otoño en el hemisferio norte (o el Sol naciente en el hemisferio sur). Aries es su signo de polaridad. El peridoto y el topacio son las piedras preciosas de la suerte que le corresponden a Libra, y su metal es el cobre. Los riñones, la piel, la parte baja de la espalda y los glúteos están regidos por Libra.

«Equilibrio» es la palabra esencial para Libra, pues trata de encontrar el punto medio y el equilibrio armónico en todo lo que hace. Libra es el diplomático y el mediador del zodiaco. En consecuencia, puede mostrarse indeciso, vacilante e incluso pasivo-agresivo. Por lo general, Libra es justo, pacífico y creativo.

En el plano interior, se centran en los demás y en los vínculos.

Ejemplos de Libra conocidos son Mahatma Gandhi, Serena Williams, Will Smith y Oscar Wilde.

Los usos múltiples de la astrología

Aunque este libro aborda la astrología natal, no está de más destacar que la astrología tiene multitud de usos que pueden explorarse tanto por separado como en conjunto con la carta natal.

La **astrología mundana** es la astrología de los acontecimientos, las organizaciones, las elecciones, los países y los fenómenos meteorológicos. La palabra «mundano» viene del latín mundanus, que significa «mundano». Todo evento u organización presenta una carta de inicio, cuya lectura es muy similar a la de la carta natal.

La **astrología financiera** es una especialidad que predice eventos y ciclos financieros.

La **astrología horaria** es una herramienta que se utiliza para responder a una pregunta específica en función del momento en que se plantea la pregunta. Esta técnica se utiliza para cualquier asunto en el que se pueda plantear una pregunta, como puede ser «¿dónde están mis llaves?».

La **astrología médica** se utiliza para diagnosticar y tratar enfermedades, y también se puede utilizar para la prevención, puesto que puede mostrar áreas de debilidad en la salud de una persona.

La **astrocartografía,** o **astrología local**, se basa en las líneas planetarias trazadas alrededor del globo para indicar cómo una faceta de la vida de una persona se potencia o merma al vivir en un lugar concreto.

ESCORPIO ♏

Escorpio rige la octava Casa y, por tanto, el octavo signo. El Sol transita por el signo de Escorpio entre el 21 de octubre y el 20 de noviembre.

Escorpio es un signo fijo nocturno de agua regido por Plutón (moderno) y Marte (tradicional). Un signo profundo y complejo, tanto su símbolo como su glifo representan al escorpión, su aguijón evoca la naturaleza urticante de Escorpio. Sin embargo, como signo sumamente complejo y transformador, Escorpio también está asociado a la serpiente, símbolo de la transformación, y al ave fénix, símbolo del renacimiento. Tauro es por su parte el signo con el que reina la polaridad. El hierro y el acero se asocian a Escorpio y el rubí y el granate son las piedras preciosas de la suerte. Escorpio rige el aparato reproductor y los órganos sexuales.

«Deseo» es la palabra que designa principalmente al signo de Escorpio, en tanto que refleja la profundidad y complejidad emocional de este signo magnético y particular. Los Escorpio se perciben como auténticos, poderosos y, a veces, incluso intimidantes para los demás. En lo interno, pueden ser melancólicos y obsesivos, pero también profundamente instintivos y psicológicos. Cuando los escorpianos logran profundizar en las cuestiones más intensas

desde el punto de vista emocional, son capaces de conectar con su verdadero potencial.

Pablo Picasso, Hedy Lamarr, RuPaul, Leonardo DiCaprio, Lisa Bonet y John Gotti nacieron en el signo de Escorpio.

SAGITARIO ♐

El signo que rige la novena Casa es Sagitario. El Sol transita por este signo desde el 21 de noviembre hasta el 20 de diciembre.

Sagitario es un signo mutable diurno de fuego regido por Júpiter. El glifo de Sagitario es una flecha que apunta hacia las estrellas y refleja el símbolo del arquero: mitad humano y mitad caballo. Tanto el glifo como el símbolo reflejan la energía visionaria del signo. Géminis es el signo con el que guarda polaridad.

Sagitario rige las caderas, los muslos y el hígado. La turquesa y la amatista son sus piedras de la suerte, y su metal es el estaño.

«Vagar» y «maravillarse» son las palabras de cabecera de Sagitario, porque en efecto, le gusta vagar —física y mentalmente— y suele vivir en un estado de asombro ante el mundo. Sagitario es un buscador nato de la verdad y la libertad, y adora la exploración de cualquier tipo. A menudo se les considera ingenuos, inspiradores y eternos optimistas. De orientación espiritual y visionaria, tienen la capacidad de tener una visión global de la vida.

Mientras Sagitario abraza la vida como si de una búsqueda de la experiencia y la verdad se tratara, su tendencia a la ingenuidad puede transformarse en sabiduría superior.

Walt Disney, Jane Fonda, Jimi Hendrix, Jay-Z y Gianni Versace nacieron bajo el signo de Sagitario.

CAPRICORNIO ♑

El décimo signo del zodiaco es Capricornio y está regido por Saturno. El Sol atraviesa al signo de Capricornio desde el 21 de diciembre hasta el 20 de enero.

Capricornio es un signo cardinal nocturno de tierra. El símbolo de Capricornio es la cabra de mar, y el glifo representa la pezuña de la cabra con la cola de un pez (este lado suave y dulce de Capricornio se ha dejado de lado en muchos textos astrológicos). La polaridad del signo es Cáncer. Capricornio rige el sistema óseo, los dientes y las articulaciones. El metal de Capricornio es el plomo y la piedra preciosa es el rubí.

La palabra reina de Capricornio es «lograr». Los Capricornio se focalizan en escalar la montaña de los logros, pero tienden a hacerlo basándose en las expectativas de los demás, en lugar de partir de una base sólida de confian-

za en sí mismos, que es donde entra en juego la cola del pez. A Capricornio se le considera una persona responsable y decidida, y a veces también controladora y temerosa. A pesar de que Capricornio es muy trabajador y respetuoso con la ley, en el fondo tiene miedo de no ser suficiente. Su compromiso y sus dotes de liderazgo son sus puntos fuertes.

Jeff Bezos, Elvis Presley, Michelle Obama y Betty White nacieron bajo el signo de Capricornio.

ACUARIO ♒

Gobernando la undécima Casa número del zodiaco está Acuario. El Sol transita por este signo desde el 21 de enero hasta el 20 de febrero.

Acuario es un signo fijo diurno de aire y está regido por Urano (moderno) y Saturno (tradicional). Aunque el símbolo de Acuario es el portador de agua, lo que el glifo representa en realidad son ondas de energía: el símbolo está vertiendo el espíritu o la energía que desciende del cielo. Eso denota la cualidad sobrenatural del signo. La polaridad de este signo es Leo.

Su metal de referencia es el plomo y las piedras preciosas son la obsidiana y el zafiro. Acuario rige las pantorrillas, los tobillos y el sistema nervioso.

Los acuarianos representan a los individuos del zodiaco y su palabra característica es «saber». A veces se les percibe como los raros del zodiaco, puesto que son imprevisibles, ingeniosos y originales por naturaleza. Los acuarianos tienen conciencia social y se entregan a las causas y a las mejoras, pero también pueden mostrarse emocionalmente distantes e incluso anarquistas en ocasiones.

Como a menudo se sienten apartados de los que los rodean, en ocasiones se ven tentados a traicionar sus convicciones para encajar, pero su propósito es encarnar su auténtica verdad pase lo que pase.

Oprah Winfrey, Bob Marley, Ellen DeGeneres y Franklin D. Roosevelt nacieron en Acuario.

PISCIS ♓

El duodécimo y último signo del zodiaco es Piscis. Desde el 21 de febrero hasta el 20 de marzo, el Sol transita por el signo de Piscis.

Piscis es un signo de agua mutable nocturno. El símbolo de Piscis es el pez y su glifo representa a dos peces nadando en diferentes direcciones, pero unidos por una cuerda. Si contemplamos el zodiaco como un camino de desarrollo humano, Piscis es el momento de la muerte y el instante previo al nacimiento, el líquido amniótico. El final y el comienzo. Neptuno (moderno) y Júpiter (tradicional) son los regentes de Piscis. La polaridad del signo es Virgo. Piscis rige los pies, el sistema linfático y el tercer ojo. Las piedras que corresponden a este signo son el diamante blanco, la aguamarina y la amatista, y el metal es el estaño.

Piscis es el signo más espiritual y apasionado y su palabra predilecta es «creer». Se les considera seres muy sensibles, creativos y místicos. Los Piscis a menudo luchan con los límites y son empáticos en extremo, lo que puede hacerles caer en el papel de víctimas o mártires. Al igual que ocurre con el símbolo del pez que nada en dos direcciones, la enseñanza de Piscis es vivir en los reinos de lo evidente y lo místico. Si consiguen sentirse cómodos siendo agentes de lo espiritual en el reino físico, evitarán las tendencias escapistas y adictivas a las que pueden recurrir en ocasiones.

Piscis se asocia con la energía de la magia y el cine.

Fred Rogers (Mr. Rogers), el Dr. Seuss, Ruth Bader Ginsburg y Kurt Cobain nacieron bajo el signo de Piscis.

Capítulo 4
El ascendente o signo de ascendencia y los decanos

En este capítulo, hablaré sobre los 12 signos de ascendencia del zodiaco, también llamados ascendentes. Tu signo ascendente es el signo que estaba en el horizonte oriental en el momento de tu nacimiento, es el ángulo situado a las nueve en punto de la carta astral. Para ser más exactos, es el lugar donde la línea o plano del horizonte se cruza con el plano de la eclíptica, el plano aparente del Sol a lo largo del año desde nuestra perspectiva. En la sección de lecturas complementarias (véase la página 165) figuran varios recursos para saber cómo encontrar tu ascendente.

El ascendente es la forma en que la gente te percibe cuando te conoce por primera vez y lo que muestras a los demás: a menudo se denomina «persona» o «máscara»; yo prefiero el término «recepcionista», pero cualquiera puede servir. Es el aspecto más visible de una persona cuando sale al mundo, la primera impresión que los demás tienen de ti.

También refleja los condicionantes impuestos desde que naces y durante tu infancia. Todo lo que eres se filtra a través de tu ascendente. Para calcular con exactitud tu signo ascendente es necesario conocer la hora exacta de tu nacimiento, ya que el ascendente tiene como referencia esa fecha, hora y lugar.

Cada carta tiene un planeta regente, y el planeta que rige el signo del ascendente es el planeta regente de la persona. Por ejemplo, si una carta tiene ascendente Sagitario, el planeta regente es Júpiter. El planeta regente conforma uno de los planetas más importantes de cualquier carta. La posición de ese planeta y de cualquier planeta que esté en conjunción o cerca del ascendente, modificará la energía del ascendente. Al observar todo lo anterior en su conjunto es como empezamos a construir la imagen de un individuo, porque, aunque todas las personas con el mismo signo ascendente sean similares, cada una es única desde el mismo momento en que empezamos a mezclar toda la carta.

Además, veremos los decanos de cada signo. Cada signo abarca 30°, que a su vez pueden dividirse en secciones de 10° denominadas decanos. Hay dos sistemas de decanos. Yo aplicaré el sistema de la triplicidad, que asigna a cada decano un elemento del mismo signo. Los primeros 10° pertenecen al propio signo, es decir, Aries/Aries.

Los siguientes 10° pertenecen al siguiente signo de la misma triplicidad o elemento, es decir, Aries/Leo, y los terceros 10° pertenecen al signo restante de la triplicidad, es decir, Aries/Sagitario. El otro sistema de decanos corresponde al sistema Caldeo, que otorga uno de los siete planetas visibles como regente a cada decano de 10°. Este último sistema se utiliza menos en la astrología moderna.

EL ASCENDENTE

Vamos a indagar más en los ascendentes de cada signo del zodiaco. Todas las descripciones físicas o características se basan fundamentalmente en la observación de los astrólogos a lo largo de los años. Las características físicas y de otra índole que describo a lo largo de este libro son generalidades y no deben interpretarse como rasgos definitorios.

Ascendente de Aries ♈

El ascendente de Aries es un signo diurno y este tipo de personas son muy activas y directas.

Por lo general, se mueven con rapidez y se inclinan por los deportes y las actividades competitivas, aunque su competitividad suele ser autónoma. Suelen lanzarse de cabeza a por lo que quieren sin pensárselo dos veces. Ascendente de Aries lo hace todo muy rápido y disfruta moviéndose.

Suelen considerarse pioneros y líderes, aunque les cuesta terminar lo que empiezan. No cabe duda de que un ascendente de Aries querrá tener relación contigo, ya sea como amigo o como algo más. Su franqueza es un aspecto positivo, pero para algunos puede resultar abrumador.

Marte es el planeta regente de quienes han nacido con este ascendente y el lugar que ocupe dicho planeta regente nos dará aún más información sobre cómo se desenvuelve esa persona en el mundo.

Además, cualquier planeta que se encuentre cerca del ascendente atenuará su energía. Por ejemplo, Saturno frenará la energía rápida del signo ascendente.

Rihanna, John Lennon y Samantha Fox nacieron con ascendente de Aries.

Ascendente de Tauro

Siempre imagino a los ascendentes de Tauro como un árbol fuertemente arraigado, con un tronco grande y robusto, porque son estables y macizos, inamovibles si otros intentan empujarlos. En cuanto a su apariencia, suelen tener un aspecto robusto y firme y, por lo general, les gusta ir vestidos con ropa de calidad, pero nunca de forma exagerada. Su presencia es muy tranquilizadora, por lo que es muy agradable estar con ellos, a menos que se les intente presionar. Son, sin embargo, extremadamente leales, hasta el punto de ver a los demás casi como si les perteneciesen.

Ascendente de Tauro, un signo nocturno, suele avanzar a un ritmo constante y no le gusta sentirse presionado o que le metan prisa. Son sensuales en su conjunto, en el sentido de sentirse atraídos por olores, sabores, sonidos y caricias. Pueden tener incluso un tono de voz agradable.

Su planeta regente es Venus, y la posición de Venus revelará más información sobre el individuo en cuestión. Por ejemplo, si Venus está en Géminis, es posible que esta persona se comporte de forma más flexible de lo que su ascendente de Tauro implica por sí solo. Venus en Géminis puede favorecer su sociabilidad y la probabilidad de que aproveche su voz agradable de un modo u otro, como por ejemplo para cantar. Los planetas que conjugan con el ascendente también modificarán la energía.

Martin Luther King, Boy George y Miley Cyrus nacieron con ascendente de Tauro.

Ascendente de Géminis ♊

Los signos ascendentes de Géminis son muy sociables, pero también los más caóticos. El signo de los gemelos es capaz de argumentar desde cualquier punto de vista, lo que lo convierte en un gran polemista, lo que le confiere una apariencia de doble moral que dificulta las relaciones con los signos más sensibles.

Los ascendentes de Géminis son infinitamente curiosos e ingeniosos, y es un placer tenerlos cerca en un entorno social. Sin embargo, su capacidad de atención es escasa, por lo que es de esperar que pasen rápidamente a lo siguiente. Esta inquietud les confiere a veces un aspecto exterior nervioso, ya que se mueven constantemente. Suelen tener un aspecto bastante delgado y suelen tener dedos largos y artísticos, con los que se les suele ver jugueteando con alguna cosa mientras hablan. Son muy buenos para hacer varias cosas a la vez, de manera que, aunque pueda parecer que están distraídos y no escuchan, no suele ser el caso.

Mercurio es el planeta regente de Géminis y su posición dirá más sobre la persona que el signo ascendente en sí. Cualquier planeta que conecte con el ascendente también atenuará la energía de este signo. Por ejemplo, Plutón en contacto con el ascendente de Géminis proporcionará una intensidad y una profundidad inusuales en los ascendentes de Géminis.

Bruce Springsteen, Ricky Martin y Gene Wilder nacieron con este signo ascendente.

Ascendente de Cáncer ♋

Aquellos que han nacido con el ascendente de Cáncer, un signo nocturno, son almas sensibles y cariñosas, las personas más amables y cariñosas. Al igual que el cangrejo, símbolo de Cáncer, son tímidos y protectores, y prefieren adentrarse en cualquier lugar con discreción y sin hacer ruido. Suelen tender al mal humor y pueden refugiarse en su caparazón o mostrar cierta necesidad de atención y afecto cuando están decaídos. A menudo se les describe con la expresión «cara de Luna» y se les considera atractivos con frecuencia. Al regir Cáncer el estómago, también pueden

tener propensión a engordar y tener problemas gastrointestinales cuando se sienten abrumados.

Su naturaleza empática y su carácter de «esponja» contribuyen a ello. Los ascendentes de Cáncer sienten todo y a todos los que los rodean, razón por la cual es mejor que aprendan a controlar su energía para evitar entrar en el modo ermitaño malhumorado cuando conocen a otras personas.

La Luna es el planeta regente de Cáncer, y representa la energía maternal o nutritiva, lo cual justifica que los demás se sientan atraídos por los ascendentes de Cáncer cuando necesitan que se les cuide. Sin embargo, la posición de la Luna en la carta de alguien con ascendencia en Cáncer nos proporciona un nivel de comprensión más profundo de esa persona. Así, por ejemplo, la Luna en Aries es más proclive a que las personas expresen sus emociones directamente y a que lo hagan por sí mismas.

Angelina Jolie, Julia Roberts, Tyra Banks y John Travolta tienen ascendente de Cáncer.

Ascendente de Leo ♌

Los ascendentes de Leo están regidos por el Sol y eso se refleja en su aspecto físico: con su melena de león y su cara redonda y radiante.

Son magnéticos por naturaleza e impregnan de luz cualquier sitio en el que entren, causando así una impresión inmediata. Son dramáticos y expresivos, y les encanta llamar la atención. En ocasiones son escandalosos, y en otras, regios y majestuosos, pero siempre son imponentes. Suelen vestirse pensando en captar la atención.

Lo negativo de esta conducta es que, si no reciben la atención y la adulación que esperan, su niño interior se vuelve mandón y empieza a tener rabietas. Los ascendentes de Leo son, en esencia, niños grandes y lo único que buscan es que se les quiera y que inspeccionen su reino de la manera más benevolente posible. Son mejores líderes que trabajadores, aunque a veces tengan tendencia a la temeridad.

El Sol constituye el eje de nuestro sistema solar, y todos los planetas y la misma Tierra giran en torno a él; esto insinúa también el carácter de las personas de signo ascendente de Leo. Tienden a pensar que el mundo gira a su alrededor y a menudo es así. Como planeta regente, la ubicación del Sol y de

El concepto de «persona»

La «persona» es un término utilizado para describir el signo ascendente. Fue un término desarrollado por el psiquiatra suizo Carl Jung, que lo calificó como «una especie de máscara, pensada, por un lado, para causar una impresión determinada en los demás y, por otro, para ocultar la verdadera naturaleza del individuo».

Tanto Jung como la inmensa mayoría de los astrólogos occidentales contemporáneos observan el ascendente a través de esta lente. Solemos identificarnos más con nuestro ascendente cuando somos jóvenes e iniciar, a medida que maduramos, el proceso de individuación. Es muy posible que nos identifiquemos excesivamente con la adaptación social del ascendente y que esta enmascare nuestro auténtico yo al someternos a una adaptación desproporcionada a la imagen externa. Como la persona, según Jung, es la imagen pública, es frecuente que los personajes públicos se sientan sobreidentificados con su imagen pública. Citando a Jung, «se podría decir, exagerando un poco, que la persona es lo que en realidad uno no es, sino que uno mismo, al igual que los demás, cree que es». La astrología pretende estimular a la persona a individualizarse más allá del arquetipo de persona al que Jung hace referencia.

cualquier planeta cercano al ascendente determina la energía del ascendente.

Un Sol en Virgo, por ejemplo, será mucho menos exuberante que otras posiciones y tendrá una energía menor que otras posiciones zodiacales.

Muhammad Ali, Tina Turner, Meryl Streep y George W. Bush nacieron con ascendente de Leo.

Ascendente de Virgo ♍

Los ascendentes de Virgo son los analistas y temerosos del zodiaco. Quizá durante la infancia sus padres estuvieran obsesionados con su salud, su peso y su aspecto físico, lo que les confiere una especie de fastidio por estas cuestiones. Como se mantienen al margen de las situaciones, analizándolas, y además son bastante tímidos, pueden dar la impresión de ser reservados y distantes, pero a medida que se les va conociendo pasan a ser más cercanos. En cuanto los conozcas, te darás cuenta de que su afán innato de ayudar a los demás los convierte en amistades leales.

Su tendencia a analizar en exceso y a buscar la perfección les hace propensos a la ansiedad, especialmente si no están ocupados con proyectos y si las cosas no están en el orden que consideran apropiado. Visten de forma impecable y pulcra y pueden llegar a parecer algo estirados.

Como signo mutable que es, los ascendentes no son rígidos en sus ideas, si bien tienen que examinar las pruebas para poder cambiar de opinión. «Modesto» sería una gran definición para las almas ascendentes de Virgo y suelen tener un comportamiento elegante.

Mercurio es el regente de Virgo y la colocación de Mercurio y de cualquier planeta cercano al ascendente modificará la energía del signo. Por ejemplo, si Mercurio está en el signo fijo Escorpio, su faceta investigadora será mucho más intensa, al igual que su tendencia crítica.

Woody Allen, Hugh Hefner, Oscar Wilde y Betty Ford nacieron con ascendente de Virgo.

Ascendente de Libra ♎

Las personas de signo Libra son encantadoras y agradables. No les gustan los conflictos, así que siempre buscan actuar como mediadores y jugar limpio. Por lo general, son atractivos en apariencia y tienen un aspecto adorable y dulce que se suma a su encanto.

Suelen ser delgados. Las personas se sienten atraídas por los Libra, a los que les gusta relacionarse con la gente porque tienden a verse a sí mismos a través de los ojos de los demás, por lo que les resulta difícil estar solos.

También pueden ser proclives a tener esa vena pasivo-agresiva en las relaciones, puesto que llegan a esperar que los demás cumplan unas expectativas poco realistas. Esta tendencia es producto de su característica indecisión y de su constante empeño en equilibrar la balanza de Libra mirando a todas partes.

El planeta regente del ascendente de Libra es Venus como energía menos

El descendente

El punto de polaridad del ascendente, o signo ascendente, es el descendente, o cúspide de la séptima Casa, que es el signo que ocupaba el horizonte occidental desde la perspectiva de la fecha, hora y lugar de nacimiento.

El descendente es un elemento importante a la hora de indagar en el tipo de persona que te atrae y a quien atraes en las relaciones más significativas. También puede marcar puntos ciegos dentro de ti que anhelas desarrollar personalmente a través de las asociaciones. Podría decirse que tu ascendente es la energía diurna, o lo que aportas al mundo, y tu descendente es la energía nocturna, o lo que recibes de los demás a través de la asociación.

Los puntos ciegos que representa el descendente se denominan «el yo repudiado». Dicho de otro modo, observamos algo en los demás que nos irrita hasta que reconocemos que en realidad es una parte de nosotros que necesita su reconocimiento. Por ejemplo, puede resultarte frustrante que tu pareja se desentienda emocionalmente cuando tengas a Acuario en el descendente, pero una vez que tomas conciencia de ello, eres capaz de darte cuenta de que, en realidad, se trata de una parte que necesitas trabajar en tu interior, lo que puede suponer un despertar importante.

En otras palabras, lo que parecía ser un distanciamiento puede convertirse en una sensación de libertad. A esto también se le conoce como trabajo de espejo, en el que transmutamos cualquier cualidad irritante en rasgos positivos que desarrollar. Se trata de un factor de gran importancia que hay que tener en cuenta a la hora de analizar la compatibilidad.

evidente de belleza amorosa, relaciones y armonía. La posición de Venus y de cualquier planeta cercano al ascendente cambiará el signo ascendente. Si Marte está cerca del ascendente, por ejemplo, la tendencia a la conducta pasivo-agresiva será mayor.

Jennifer Aniston, Leonardo DiCaprio, Sally Field (su famoso discurso de aceptación del Oscar, «realmente te gusto», es un clásico del ascendente de Libra) y Venus Williams son todos ascendentes de Libra.

Ascendente de Escorpio ♏

Magnético, intimidante e intenso son algunos de los términos que describen a las personas con ascendente de Escorpio, un signo nocturno. Son sumamente reservadas e incluso herméticas en cuanto a su vida interior se refiere, lo que crea un halo de misticismo en torno a ellas.

Suelen tener un aspecto ligeramente melancólico y una mirada penetrante. Los ascendentes de Escorpio abordan cualquier asunto con intensidad, llegando incluso a rozar la obsesión. Se sumergen de lleno en cada cosa y tienen dotes de investigador perspicaz, llegando a parecer que ven las almas de los demás.

Al ser tan reservados, suelen tener problemas para expresar el torbellino de emociones que su intensa naturaleza conlleva, a veces incluso para ellos mismos. Sin embargo, emanan un profundo poder y suelen ser apasionados y creativos en todo lo que hacen.

Plutón es el planeta regente de los ascendentes de Escorpio y la posición de Plutón modificará el signo ascendente. Por ejemplo, alguien con Plutón en la tercera Casa será más propenso a ser parlanchín y menos centrado. Los planetas en conjunción con el ascendente también modifican el impacto del signo ascendente.

Aretha Franklin, David Lynch, Robin Williams y Prince nacieron con ascendente de Escorpio.

Ascendente de Sagitario ♐

Los ascendentes de Sagitario son personas divertidas y amantes de la libertad. Tienen un aire de entusiasmo y optimismo ante la vida del que pocos signos ascendentes gozan. Son aventureros y siempre están buscando experiencias que enriquezcan sus vidas, a veces viajando mucho y viviendo en lugares diferentes al lugar donde nacieron. También suelen viajar con la mente y es completamente normal encontrar libros junto a su cama o una biblioteca bien a mano.

Quienes han nacido bajo este signo ascendente suelen estar tan llenos de entusiasmo y de opiniones, fruto de su exploración, que tienden a carecer de tacto y pueden pecar de imprudentes o impropios. A pesar de ello, su simpatía y sentido del humor les evitan meterse en líos. Se les considera algo ingenuos.

En apariencia, suelen ser bastante altos y fornidos y están en constante movimiento la mayor parte del tiempo, como si tuvieran prisa por llegar a la siguiente experiencia, lo que probablemente sea así.

El planeta regente de Sagitario ascendente es Júpiter y la posición de este o planetas cercanos al ascendente modificarán el signo. Saturno en el ascendente, por ejemplo, hará que esa persona sea menos extrovertida y más propensa a mostrarse seria.

Jamie Lee Curtis, Arsenio Hall, la princesa Diana y Hans Christian Andersen nacieron con ascendente Sagitario.

Ascendente de Capricornio ♑

Los ascendentes de Capricornio son los más ambiciosos del zodiaco y son personas muy serias y centradas en el trabajo. Definitivamente, no son el alma de la fiesta del zodiaco. Sin embargo, suelen tener un sentido del humor bastante seco, pero muy oportuno. Su aspecto suele ser delgado y anguloso, con ojos brillantes, y suelen vestirse pensando en triunfar, prefiriendo una paleta de colores en tonos tierra cuando eligen la ropa.

Como consecuencia de su seriedad, los ascendentes de Capricornio pueden dar la impresión de ser bastante fríos emocionalmente, aunque en realidad no lo son, sino que simplemente no demuestran sus emociones con facilidad. Tal vez las personas de la línea ascendente de Capricornio hayan tenido una infancia difícil o hayan asumido muchas responsabilidades a una edad muy temprana. Suelen relajarse con el paso de los años.

A los Capricornio les gusta la seguridad y ser el sostén del núcleo familiar y de la pareja, pero a la vez hay un trasfondo de miedo a no ser o no hacer lo suficiente.

Saturno es el planeta regente de Capricornio y tanto la posición de Saturno como la de cualquier otro planeta cercano al ascendente modificarán la energía del signo ascendente. Por ejemplo, si Saturno está en Piscis, serán más intuitivos y estarán más conectados con su lado creativo.

La reina Isabel II, Jane Fonda, Taylor Swift y Joseph Stalin nacieron con ascendente Capricornio.

Ascendente de Acuario ♒

Aquellos que han nacido con Acuario ascendente, un signo diurno, son extravagantes, curiosos y algo más que rebeldes. Son amistosos y les encanta un intercambio intelectual, especialmente si se trata de cómo salvar el mundo, o al menos una parte de él. Disfrutan también de un buen debate y hacen el papel de abogado del diablo sin ningún problema.

Son humanistas, a menudo idealistas y con visión de futuro, capaces de describir su visión de un mundo más igualitario desde un punto de vista progresista, pues a menudo aspiran a una verdadera «humanidad» para las personas al margen de sus convicciones y tendencias de cualquier tipo.

Dan la sensación de ser bastante desapegados emocionalmente, a la vez que se preocupan por el mundo como activistas.

Los ascendentes de Acuario suelen tener un aspecto juvenil con una estatura media y tienden a llevar ropa percibida como extravagante o peculiar de algún modo. Urano es el planeta regente de Acuario y la ubicación de este planeta modificará el signo ascendente, al igual que cualquier planeta cercano al ascendente.

Por ejemplo, si la Luna está cerca del ascendente, es posible que sean algo más cariñosos y estén más comprometidos emocionalmente.

Barack Obama, David Bowie, Nicki Minaj y Carl Jung nacieron con ascendente Acuario.

Ascendente de Piscis

Los ascendentes de Piscis son los soñadores del zodiaco por naturaleza, y parecen flotar en los reinos de la fantasía, además de tener un corazón bondadoso y compasivo. Al ser un signo mutable de agua, reflejan muy bien a los que los rodean y son una esponja con empatía, por lo que a menudo adoptan, a través del cambio, una forma que refleja a los que los rodean. Son imaginativos, creativos y uno de los signos ascendentes con menor arraigo, por lo que funcionan mejor con relaciones que les den estabilidad; son susceptibles de ser manipulados.

Como son extremadamente sensibles, suelen ser vulnerables a todo tipo de fármacos, incluidos los que se prescriben. Pueden también ser tendentes a la depresión porque el mundo no está a la altura de sus sueños e ideales. Suelen ser guapos y tienen un aspecto resplandeciente y etéreo que seduce a la mayoría. La gente amable querrá protegerlos.

El planeta regente del ascendente de Piscis es Neptuno y la posición de Neptuno modificará el comportamiento del signo ascendente. Por ejemplo, Neptuno en Tauro supondrá que la persona esté más conectada con la tierra y arraigada, en general, con todo lo terrenal. Los planetas cercanos al ascendente también modificarán el funcionamiento del signo ascendente.

Michael Jackson, Whitney Houston, Robert Redford (creador de Sundance, un importante festival de cine independiente, es un claro ejemplo) y Bruno Marte tienen signo ascendente Piscis.

DECANOS

Un decano es una subdivisión de 10° de un signo astrológico. Los decanos son un sistema complejo desarrollado desde los tiempos de los egipcios, cuando se basaban en 36 estrellas fijas, que dividían los 360° en 36 secciones.

Estos decanos se fusionaron con los 12 signos del zodiaco en el siglo i de nuestra era, cuando convergieron las tradiciones egipcia y mesopotámica.

A partir de ahí, surgieron dos sistemas, y nosotros vamos a explorar el sistema de triplicidad para dar más información sobre cada persona.

Cada persona tendrá su Sol en un decano, lo que profundiza en la interpretación de ese lugar. Las fechas de cada decano hacen referencia a su fecha de nacimiento.

Los decanos de Aries

El primer decano, regido por Marte, es el de Aries. Las personas que han

nacido dentro de este decano son los auténticos precursores del zodiaco y están especialmente motivadas por la acción y el coraje. Abordan la vida con el ímpetu de un niño y tienen una inocencia entrañable en su entusiasmo. Estarás en este decano si tu Sol está entre los 0° y los 9° de Aries, y las fechas aproximadas para este decano son del 21 al 31 de marzo.

El segundo decano de Aries está regido por el Sol y es el decano de Leo. Tanto el Sol como Leo confieren una cualidad regia a este tipo de personas, a las que les gusta destacar y captar la atención de los demás. La naturaleza fija de Leo otorga una cierta cualidad inamovible a la energía del liderazgo de este decano, lo que indica que se aferran a sus objetivos sin importar lo que quieran los demás. Esta podría ser precisamente la energía del líder ostentoso. Si tu Sol está entre los 10° y los 19° de Aries, perteneces a este decano, y las fechas aproximadas para este son del 1 al 11 de abril.

El tercer decano de Aries está regido por Júpiter y es el decano de Sagitario. Júpiter aporta al signo de Aries la cualidad de la expansión y la búsqueda. La energía de Aries suele estar focalizada, pero a este decano lo que le gusta es indagar y buscar su propia verdad. Son personas muy independientes a las que les gusta seguir su propio camino. Te sitúas en este decano si tu Sol está entre los 20° y los 29° de Aries, siendo las fechas aproximadas de este decano desde el 12 hasta el 21 de abril.

Los decanos de Tauro

El primer decano, regido por Venus, es el de Tauro. Se trata de personas estables y con una gran conexión con la tierra y el mundo material. Este decano posee un conocimiento del cuerpo muy instintivo, lo que significa por tanto que les encanta nutrir su cuerpo con buena comida, elementos que sean agradables al tacto y cosas que, en general, les hagan sentir bien. La indulgencia desmedida y la inflexibilidad pueden ser el lado menos favorable de esta energía, pero su presencia es bastante sosegada y cariñosa, y suelen ser sensoriales, sensuales y sexuales. Estás en este decano si tu Sol se sitúa entre 0° y 9° de Tauro, y las fechas aproximadas para este decano son del 22 de abril al 1 de mayo.

El segundo decano está regido por Mercurio y es el de Virgo. La influencia de Mercurio y Virgo otorga más flexibilidad a la energía de Tauro, que suele ser bastante testaruda. Este tipo de personas son pragmáticas y realistas, pero de una forma discreta y poco exigente. La sensibilidad de Virgo y Mercurio puede hacerles parecer aburridos a otros de naturaleza más visionaria e idealista, pues son de los que siempre les dirán a los demás que no están viendo la realidad. Estarás en este decano si tu Sol está entre los 10° y los 19° de Tauro, y las fechas aproximadas para este decano son del 2 al 11 de mayo.

El tercer decano de Tauro está regido por Saturno y es el decano de Capricornio. Son personas que se alejan un poco más de la energía indulgente de Tauro, ya que pueden estar demasiado ocupados construyendo y escalando para disfrutar de los frutos de su trabajo, aunque les siga apasionando el placer de tener las cosas buenas de la vida. Su presencia es más austera y puede que a algunos les parezca aburrida. Son, sin embargo, maestros constructores de estructuras sólidas y duraderas en su vida, ya sea una carrera, un hogar o una familia. Cuando se conoce a la persona que se esconde tras ese afán por construir, puede resultar bastante divertida y sensual en el fondo.

Te sitúas en este decano si tu Sol está entre los 20° y los 29° de Tauro, y las fechas aproximadas para este decano son del 12 al 21 de mayo.

Los decanos de Géminis

El primer decano de Géminis está regido por Mercurio y es, precisamente, el de Géminis. Los que han nacido con el Sol en este decano son extremadamente curiosos y los verás siempre recogiendo información de diversas fuentes. Asimismo, es probable que se dispersen y se distraigan con facilidad, pasando de una cosa a otra. Se le conoce también como el síndrome del objeto brillante o ardilla. Su mente, rápida como pocas, es capaz de asimilar una gran cantidad de información, pero dada su tendencia a distraerse fácilmente, rara vez se centra en un tema concreto. Si tu Sol está entre 0° y 9° de Géminis, estarás en este decano, y las fechas aproximadas para este son del 22 de mayo al 1 de junio.

El segundo decano de Géminis está regido por Venus y es el decano de Libra. Los Géminisanos son personas sociales que aspiran a estar cerca de los demás y a conversar con ellos en la medida de lo posible. Al igual que el resto de los Géminis, son curiosos y querrán saberlo todo sobre ti y sobre tus emociones. Su naturaleza curiosa los lleva incluso a observar y estudiar el arte o las maravillas de la naturaleza, por ejemplo. Eso sí, tienden a verse a sí mismos a través de los ojos de los demás, lo que puede dificultar la toma de decisiones sin la opinión de los demás. Son excelentes mediadores, saben ver lo bueno de la gente y son capaces de transmitirlo hacia la otra parte cuando se trata de una negociación. Te sitúas en este decano si tu Sol está entre los 10° y los 19° de Géminis, y las fechas apro-

ximadas para este decano son del 2 al 11 de junio.

El tercer decano de Géminis está regido por Urano y es el de Acuario. Son los que piensan a lo grande y son capaces de idear conceptos innovadores. Se caracterizan por ser los más desprendidos emocionalmente y, por eso, pueden dar la impresión de ser distantes con los demás. En cambio, esto se debe a que son capaces de contemplar la situación con vista de pájaro y así reconocer las conexiones necesarias para ayudar a la humanidad en su conjunto. Su bagaje de conocimientos es inmenso y su visión recuerda a la de un enorme puzle formado por piezas aparentemente dispares. Por lo general, son personas muy amistosas; sin embargo, preferirán hablar de grandes cuestiones en lugar de entablar conversaciones triviales. Si tu Sol está entre los 20° y los 29° de Géminis, estás en este decano, con fecha aproximada del 12 al 21 de junio.

Los decanos de Cáncer

El primer decano de Cáncer está regido por la Luna y es, por lo tanto, el decano de Cáncer. De ahí que se trate de una persona especialmente sensible y compasiva, que cuida de los suyos con una capacidad de conexión emocional inagotable. Sin embargo, la identificación con ese rol puede ser tal, que nunca llegue a expresar sus propias necesidades afectivas. Todo ello puede derivar en inseguridad y en un comportamiento de manipulación emocional. Además, es muy probable que les resulte difícil desprenderse de las heridas del pasado. Aman con intensidad, lo que puede ser reconfortante para algunos y, en cambio, abrumador para otros. Te encuentras en este decano si tu Sol está entre 0° y 9° de Cáncer, y las fechas aproximadas para este decano son del 22 de junio al 1 de julio.

El segundo decano de Cáncer está regido por Plutón y es el decano de Escorpio. Podríamos decir que las emociones de este tipo de personas son casi tan profundas como el océano más profundo y, del mismo modo que el océano a esa profundidad, dichas emociones pueden ser difícilmente accesibles y expresadas; razón de peso para parecer, por tanto, personas carentes de emociones, a lo que se suma su carácter reservado por naturaleza.

Evidentemente, esta es solo la primera impresión, la superficial, porque lo auténtico y cierto es lo contrario. Sienten con tal profundidad que están dispuestos a hacer cualquier cosa por sus seres queridos, hasta el punto de sacrificar lo propio. La intensidad de Escorpio puede llevarlos a mostrarse posesivos con los suyos, pero son personas con una gran capacidad de escucha y saben respetar el espacio de los demás como ningún otro. Estás en este decano si tu Sol está entre los 10° y los 19° de Cáncer, y las fechas aproximadas que corresponden a este decano son del 2 al 11 de julio.

El tercer decano de Cáncer está regido por Neptuno y es el de Piscis. Ellos son los más sensibles y amables que jamás conocerás. Su presencia es muy etérea, ya que su estado de ánimo fluctúa en función de todo lo que les rodea. Suele ser difícil distinguir lo que realmente sienten y ni siquiera ellos mismos son conscientes de ello. Como los del primer decano, no se cansan de cuidar a sus seres queridos, pero se suma la tendencia al victimismo cuando sienten que los demás se aprovechan de ellos. Esas personas deben aprender a trazar mejor sus límites personales. Te encuentras en este decano si tu Sol está entre los 20° y los 29° de Cáncer, y las fechas aproximadas para este decano son del 12 al 21 de julio.

Los decanos de Leo

El primer decano de Leo está regido por el Sol y es, por lo tanto, el decano de Leo. El regente absoluto por excelencia, o al menos así se ve a sí mismo. Se consideran a sí mismos seres especiales y con derecho a ser líderes o ser venerados en todo lo que hacen, de la forma más agradable posible. Se sienten como si hubieran nacido para ser los primeros y lo cierto es que, en muchos aspectos, tienen razón, pues irradian calidez y una presencia majestuosa. Leo se rige por el corazón y muchos de los que pertenecen a este decano son líderes bienintencionados, pero a menudo les falta humildad y modestia. Cuando los demás no los ven como ellos mismos o no los tratan con la atención que creen merecer, pueden sentirse muy dolidos. Estás en este decano si tu Sol está entre los 0° y los 9° de Leo, y las fechas aproximadas para este decano son del 22 de julio al 1 de agosto.

El segundo decano de Leo está regido por Júpiter y es el decano de Sagitario. Son los que juegan y se arriesgan como signo, puesto que la influencia de Júpiter trae consigo una vibración de expansión y una sensación de ser tan afortunados que todo lo que tocan se convertirá en oro. Y así suele ser. Además, tienden a transmitir esa sensación de bienestar a los que los rodean, porque son generosos hasta la saciedad. Su tendencia a arriesgarse puede conducirles en ocasiones a excederse, pero normalmente caen en la cuenta. Si tu Sol se encuentra entre los 10° y los 19° de Leo, estás en este decano, y las fechas aproximadas para el mismo son del 2 al 11 de agosto.

El tercer decano de Leo está regido por Marte y es el de Aries. En él reside el león guerrero que saldrá al mundo con un sentido de justicia y de posibilidad, y que cree realmente que puede lograr cualquier cosa que desee.

Su voluntad es tan firme y su deseo tan fuerte que a menudo consiguen lo que se proponen. La cualidad fija de Leo hace que se aferren a la consecución de esos deseos, pero también puede hacerlos tercos y reacios a cualquier tipo de aportación de los demás, y rara vez admiten haber cometido errores.

Sin embargo, son muy abiertos y honestos, sin que les importe lo que digan o piensen los demás. Estás en este decano si tu Sol está entre los 20° y los 29° de Leo, y las fechas aproximadas para este decano son del 12 al 21 de agosto.

Los decanos de Virgo

El primer decano de Virgo está regido por Mercurio, es decir, el decano de Virgo. Los nacidos bajo este decano son muy intelectuales y tienen una mente extremadamente racional. Son sumamente productivos y siempre tratan de hacer que el día transcurra de la manera más productiva posible para darle a su tiempo la utilidad que le corresponde.

Disfrutan de las relaciones intelectuales en las que pueden discutir planes e ideas con quienes los rodean. También son personas que se preocupan considerablemente y su autocrítica interior es probablemente la más intensa de todo el zodiaco, al analizar constantemente todo cuanto los rodea. La energía mutable del decano significa que a menudo rectifican su rumbo, algo que puede ser tanto una virtud como una desventaja. Estás en este decano si tu Sol está entre 0° y 9° de Virgo, y las fechas aproximadas para dicho decano son del 22 de agosto al 1 de septiembre.

El segundo decano de Virgo está regido por Saturno y es el de Capricornio. La energía de iniciativa de Saturno y Capricornio alivia parte de la parálisis por análisis potencial de Virgo y los alienta a pasar a la acción a fin de crear estructuras que les proporcionen seguridad material.

Tienden a ser demasiado ambiciosos, buscando mantener el crecimiento y los beneficios económicos, además de ser más inversores que consumidores, ya que eso les da la sensación de logro que tanto necesitan. No obstante, también pueden tirar la toalla en algunos proyectos si tienen la sensación de estar fracasando. Son muy responsables y excelentes gestores, pero su afán de superación puede impedirles disfrutar del lado más sencillo y divertido de la vida. Estás en este decano si tu Sol está entre los 10° y los 19° de Virgo, y las fechas aproximadas para este son del 2 al 11 de septiembre.

El tercer decano de Virgo está regido por Venus y es el de Tauro. La presencia tranquilizadora de Venus y la influencia estabilizadora de Tauro hacen que este decano de Virgo sea más tranquilo que otros. A Virgo le gusta hacer cosas con sus manos y es posible que este decano sea creativo en cualquier campo que requiera moldear o utilizar otros materiales de tierra, como la escultura o la pintura con los dedos. Son personas que se mueven con lentitud y, por lo general, son muy reservadas y autónomas. También les gusta vestir bien y tener buen aspecto, pero de una manera muy pulcra. Rara vez son extravagantes.

Te encuentras en este decano si tu Sol está entre los 20° y los 29° de Virgo, y las fechas aproximadas para este decano son del 12 al 21 de septiembre.

Los decanos de Libra

El primer decano de Libra está regido por Venus, el decano de Libra. Son amantes de la belleza, del placer y también de los demás. Aman la armonía, la paz y que la vida sea fluida y bonita. Son más felices cuando se relacionan y, sin embargo, la sombra de Libra radica en su capacidad de argumentar en discusiones en ocasiones, y en otras, discutir solo porque sí, sin argumento alguno. Asimismo, poseen un sentido perspicaz de lo que funciona en los negocios, por lo que un primer decano en equilibrio lo aprovechará y logrará un balance sano y ecuánime entre el trabajo y la vida familiar. Cuando alcanzan el equilibrio óptimo, suelen vivir en lugares pacíficos y de gran belleza, tanto por fuera como por dentro. Estarás en este decano si tu Sol está entre los 0° y los 9° de Libra, siendo las fechas aproximadas para este decano del 22 de septiembre al 1 de octubre.

El segundo decano de Libra está regido por Urano y es el de Acuario. Son personas más individualistas que los anteriores decanos de Libra, y se sienten más atraídos por el intelecto de los demás que por el aspecto físico que tienen las cosas. También se sienten inclinados a necesitar más espacio personal para encontrar el equilibrio que Libra precisa. Estás en este decano si tu Sol se encuentra entre los 10° y los 19° de Libra, y las fechas aproximadas para dicho decano son del 2 al 11 de octubre.

El tercer decano de Libra está regido por Mercurio y es el de Géminis. Son personas con mucho encanto que pueden enamorar a los demás con sus palabras, pero a la vez son mucho más inestables y cambiantes, lo que puede alterar el equilibrio y la armonía necesarios para Libra. Son muy sociables y necesitan dialogar con otras personas con frecuencia. Te encuentras en este decano si tu Sol está entre los 20° y los 29° de Libra, y las fechas aproximadas para este decano son del 12 al 21 de octubre.

Los decanos de Escorpio

El primer decano de Escorpio está regido por Plutón y es el decano de Escorpio. Son personas profundas y sumamente intensas. Pueden, de forma casi inconsciente, jugar al poder con los demás mientras intentan satisfacer sus profundos anhelos y deseos. Suelen ser posesivos y pueden llegar a ser obsesivos, puesto que desean fundirse con aquellos con los que mantienen una relación. No son las personas más fáciles de tratar; en cambio, aman profundamente si eres capaz de soportar su intensidad. Estás en este decano si tu Sol está entre 0° y 9° de Escorpio, y las fechas aproximadas para dicho decano son del 22 de octubre al 1 de noviembre.

El segundo decano de Escorpio está regido por Neptuno y es el de Piscis. Quienes nacen bajo este decano son muy intuitivos y seductores. Hipnotizan a los demás con un encanto que no siempre deja ver lo que realmente sucede. Su imaginación tiene un carácter mágico y sus ideales son muy ambiciosos, tanto es así, que a veces resultan totalmente irreales. Te encuentras en este decano si tu Sol está entre los 10° y los 19° de Escorpio, y las fechas aproximadas para este decano son del 2 al 11 de noviembre.

El tercer decano de Escorpio está regido por la Luna y es el de Cáncer. Las cualidades protectoras y amorosas de la Luna y de Cáncer atenúan en gran medida la intensidad de Escorpio. La Luna y Cáncer suavizan considerablemente la intención de Escorpio, aunque su naturaleza receptiva sigue buscando conectar con los demás a un nivel profundo desde el plano emocional. Son personas leales y fieles, aunque con un nivel de confianza superior. Estás en este decano si tu Sol está entre los 20° y los 29°.

Los decanos de Sagitario

El primer decano de Sagitario es el decano de Sagitario, regido por Júpiter. Estas personas son aventureras y optimistas, aunque a veces les falta tacto. Suelen estudiar filosofía y valores superiores, incluyendo los de varias religiones, y suelen ser aprendices de por vida. No obstante, pueden tender a ser dogmáticos y a predicar aquello que dominan. Estás en este decano si tu Sol está entre los 0° y los 9° de Sagitario, y las fechas aproximadas para este decano son del 22 de noviembre al 1 de diciembre.

Al segundo decano de Sagitario lo rige Marte y es el decano de Aries. En general, las personas de este decano son susceptibles de sufrir accidentes, pues Sagitario tiende a ir a toda velocidad y, en combinación con la energía de Marte, no siempre se fijan en lo que están haciendo. Se retan constantemente a sí mismos y suelen ser bastante abiertos y honestos. Estas personas necesitan acción y movimiento. Te encuentras en este decano si tu Sol está entre los 10° y los 19° de Sagitario, y las fechas aproximadas para ese decano son del 2 al 11 de diciembre.

El tercer decano de Sagitario es el de Leo, presidido por el Sol. Esta es otra de las posiciones más arriesgadas, y su combinación puede conducirles a apostar en la vida en busca de aventuras y experiencias. Son personas íntegras, pero pueden dejar que su orgullo se interponga en el camino por querer llegar a lo más alto, lo que puede llevarlos a caer. Estarás en este decano si tu Sol está entre los 20° y los 29° de Sagitario, y las fechas aproximadas para este decano son del 12 al 21 de diciembre.

Los decanos de Capricornio

El primer decano de Capricornio está regido por Saturno y es el decano de Capricornio. Son personas dotadas de una gran determinación y capaces, figuradamente, de mover montañas. Son muy serios y responsables. Al tener el doble de la energía responsable de Capricornio, también pueden tener el doble de miedo a no ser suficientes, por lo que deben ser cautos para evitar esforzarse más de lo debido por el miedo al fracaso. Estarás en este decano si tu Sol está comprendido entre 0° y 9° de Capricornio, y las fechas aproximadas para este decano son del 22 de diciembre al 1 de enero.

El segundo decano de Capricornio está regido por Venus y es el decano de Tauro. Los decanos medios suelen ser los más equilibrados y, justamente, el decano medio de Capricornio también lo es. La energía de Venus y Tauro determina la responsabilidad y la determinación de estas personas, pero también les permitirá relajarse y disfrutar de las satisfacciones que les proporcionen sus logros. Son más felices con un enfoque gradual de los logros. Estás en este decano si tu Sol se sitúa entre los 10° y los 19° de Capricornio y sus fechas aproximadas son del 2 al 11 de enero.

El tercer decano de Capricornio está regido por Mercurio y es el de Virgo. Son, por lo general, personas más impacientes que los dos primeros decanos de este signo y procuran en todo momento que todo lo que hacen resulte más funcional, para poder avanzar más rápido hacia lo siguiente. Son más nerviosos, puesto que pueden llegar a sentirse frenados por la implacable determinación de Capricornio. Te encuentras en este decano si tu Sol está entre los 20° y los 29° de Capricornio, y las fechas aproximadas para este decano son del 12 al 21 de enero.

Los decanos de Acuario

El primer decano de Acuario es el de Acuario, regido por Urano. Hablamos, por tanto, de personas realmente individualistas e inconformistas. Son personas de mentalidad progresista y humanitaria, aunque su círculo de amistades suele ser reducido. Siempre están ideando planes e ideas nuevas, y rara vez dejan la mente en blanco; este ritmo frenético de pensamiento puede conducirlos a la ansiedad si no encuentran el lugar y el momento para desconectar a solas. Estás en este decano si tu Sol oscila entre los 0° y los 9° de Acuario, y el periodo aproximado para este decano es del 22 de enero al 1 de febrero.

El segundo decano de Acuario está regido por Mercurio y es el de Géminis. Su naturaleza recuerda a la del primer decano, pero con un aire más liviano. Siguen siendo individualistas, aunque más sociables y con más curiosidad por el mundo que por lo abstracto de las ideas. Por lo general, son amantes de la literatura. También suelen ser grandes comunicadores con gran inquietud por transmitir a los demás todo lo que aprenden. Estás en este decano si tu Sol se encuentra entre los 10° y los 19° de Acuario, y las fechas aproximadas para este decano son del 2 al 11 de febrero.

El tercer decano de Acuario es el de Libra, regido por Venus. Por lo general, se trata de grandes políticos por naturaleza, pues son personas que tienen mucha facilidad para el trato con la gente y que realmente se preocupan por mejorar la vida de los demás. Suelen apreciar lo mejor de cada persona y tratan de potenciarlo. Además, tienen un carácter agraciado y son muy voluntariosos. Si tu Sol está entre los 20° y los 29° de Acuario, estás en este decano y sus fechas aproximadas son del 12 al 21 de febrero.

Los decanos de Piscis

El primer decano de Piscis está regido por Neptuno y es el de Piscis. A estas personas se les atribuye el carácter por excelencia de esponjas emocionales, sensibles a todo lo que los rodea. Son muy intuitivas y están ligadas al in-

consciente colectivo. Suelen sentirse atraídos por las experiencias místicas, puesto que ya habitan en esos reinos. Al no marcar límites con claridad, son susceptibles a la manipulación, pudiendo en ocasiones, aprovecharse de ellos y trasladando la imagen de esa especie de nebulosa andante de sueños y creatividad. Estás en este decano si tu Sol está entre los 0° y los 9° de Piscis, siendo las fechas aproximadas para este decano del 22 de febrero al 1 de marzo.

El segundo decano de Piscis es el de Cáncer, regido por la Luna. Son personas románticas y creativas, pero también son, de entre todos los decanos, los que más ansían la seguridad y la protección. Son muy leales a sus seres queridos y pueden ser bastante dependientes cuando no se sienten seguros. No obstante, cuando se sienten seguros, sus habilidades artísticas y domésticas afloran. Aquellos que han nacido bajo este decano necesitan la seguridad del hogar y los vínculos familiares cercanos, aunque también necesitan pasar mucho tiempo a solas en el marco de esa estructura. Estás en este decano si tu Sol está entre las posiciones comprendidas entre los 10° y los 19° de Piscis y las fechas aproximadas para este decano son del 2 al 11 de marzo.

El tercer decano de Piscis está regido por Plutón y es el de Escorpio. A los que han nacido bajo este decano les atraen a menudo los reinos de lo oculto y del tabú, como los mundos de la magia, los médiums y la muerte. Suelen tener una conexión especial con el otro lado e incluso pueden ver espíritus. Como poco, son muy intuitivos e intu-yen lo que ocurre en su entorno. Estás en este decano si tu Sol se encuentra entre los 20° y los 29° de Piscis, y las fechas aproximadas para este decano son del 12 al 21 de marzo.

Capítulo 5
Planetas y otros cuerpos esenciales

La carta astral se crea utilizando diversos elementos. En este capítulo examinaremos los planetas y otros cuerpos esenciales a los que se puede denominar el *qué* de la carta, mientras que los signos son el *cómo* actúan los planetas en ti, y las Casas son el *dónde* o las áreas de la vida.

El *qué* de tu carta representa aspectos como tus emociones, tu impulso, tu naturaleza sentimental, tu mente o, para expresarlo de otra forma, las partes integrales del ser. Cada signo refleja la forma en que se representan esas partes del ser en la persona y si, por ejemplo, son más entusiastas o más reservadas. La Casa, o el *dónde*, indica aquellas áreas de la vida en las que el planeta y el signo operan con mayor prevalencia en los individuos.

Históricamente, la astrología utilizaba las dos luminarias, el Sol y la Luna, y los cinco planetas visibles: Mercurio, Venus, Marte, Júpiter y Saturno. Sin embargo, la astrología actual también utiliza cuerpos cósmicos recientemente descubiertos. Algunos figuran aquí, mientras

que otros se analizarán posteriormente en este libro.

En la segunda parte (véase la página 89), aprenderás a estructurar e interpretar una carta astral. Estas secciones se utilizarán a modo de referencia a medida que se integren todos los elementos de la carta a fin de crear una representación holística del ser.

EL SOL ☉

El Sol es el elemento vertebrador del sistema solar y del ser. Es el núcleo de la identidad y en tu carta astral es el Sol el que te da energía. El Sol es la energía diurna, puesto que brilla con claridad durante el día y es un soplo que da energía a nuestro cuerpo. Al igual que en el caso del Sol en el sistema solar, todo lo demás gira alrededor de ese núcleo radiante. El Sol rige el signo de Leo y el corazón, y eso indica que el Sol es tu corazón. El Sol es visto como una energía masculina, o yang en la cultura occidental moderna, pero en otras muchas tradiciones, al Sol se le considera una energía femenina por sus cualidades vivificantes.

El Sol funciona como si de un director general o un director de orquesta se tratase, por lo que cuando estás en sintonía con la energía de tu signo solar personal, estás en tu punto más alto de alineación. El Sol también es un símbolo de autoexpresión, de sentido de propósito, de creatividad y de ego en su acepción más genuina.

La expresión más sublime de la energía del Sol es la del líder benévolo que ilumina la vida de los demás y se llena de energía por cómo alumbra a los demás. En su expresión más débil, el Sol puede ser presuntuoso y egoísta. Sin embargo, al igual que el Sol real del sistema solar, la energía del Sol dentro de nosotros puede verse atenuada o bloqueada por otras colocaciones y un signo solar que se bloquea dificulta la expresión de esa energía.

LA LUNA ☽

La Luna es la representación de tus carencias emocionales y de tu relación con los sentimientos. Es la energía nocturna y la energía de una espiración cuando nos relajamos al final del día. El signo de Cáncer y la cuarta Casa están regidos por la Luna. La Luna también es el símbolo de tu relación con la familia, el hogar y tus antepasados.

La Luna es receptiva y reflexiva, y no emite luz propia. Es por eso por lo que las culturas occidentales han catalogado a la Luna como energía yin o femenina, por la representación de lo femenino como pasivo. Sin embargo, algunas tradiciones sostienen que el Sol representa el óvulo y la Luna el esperma.

La Luna conforma la expresión de la energía nocturna en la que exhalamos, descansamos y recuperamos nuestra energía.

La Luna es la piedra angular de nuestra seguridad y suele representar a la madre o a la persona que te ha criado en tus primeros años de vida. La Luna rige los ritmos corporales, incluidos los ciclos menstruales y los ciclos del sueño, e incluso existe la creencia de que dormimos menos y tenemos más energía cuando la Luna está llena, y que nos centramos más en nosotros mismos y necesitamos estar a solas con la oscuridad de la Luna.

Al igual que nuestra posición lunar dice mucho sobre nuestra respuesta ante el mundo exterior, las fases lunares reales también nos afectan. Hay un ciclo de flujo y reflujo en toda esta energía lunar.

MERCURIO ☿

Mercurio es tanto la energía diurna como la nocturna y es una inhalación y una exhalación al mismo tiempo, ya que Mercurio rige los signos de Géminis, los gemelos, y Virgo, el servicio y la utilidad. Mercurio es el cuerpo planetario de carácter menos binario y así lo atestigua el hecho de que el planeta rija tanto el signo de aire yang (diurno) de Géminis como el signo nocturno yin (terrestre) de Virgo. Mercurio es el primero de los planetas personales después de las luminarias, el Sol y la Luna.

Mercurio es la mente, la comunicación, el mensajero, el detalle, la habilidad técnica, la percepción y el aprendizaje. Mercurio también es la coordinación, la forma en la que nuestra mente le dice a nuestras redes neuronales que se coordinen.

Dependiendo de la ubicación de Mercurio y de cómo lo encarnemos, podemos ser curiosos, ingeniosos, sociables y versátiles o nerviosos, preocupados excesivamente por lo nimio del detalle e incluso muy irritables. Mercurio también se asocia con el arquetipo del embaucador: el hecho de que el planeta esté en fase retrógrada de tres a cuatro veces al año es un indicio de su naturaleza embaucadora, ya que Mercurio retrógrado se caracteriza por los errores técnicos y de comunicación. El arquetipo del embaucador es aquel que les da la vuelta a las reglas y al comportamiento convencional.

Mercurio está ligado a Hermes, el mensajero de los dioses. Es el planeta más cercano al Sol, nuestro núcleo, y transmite información desde dicho núcleo a la Tierra. Mercurio acompaña al Sol desde nuestra óptica y se sitúa siempre en el mismo signo que el Sol o en uno de los dos signos adyacentes.

VENUS ♀

A Venus se le conoce comúnmente como el planeta del amor y, que duda cabe, la astrología moderna lo ha definido en clave femenina, pese a que Venus rige tanto a Libra, un signo de aire diurno, como a Tauro, un signo de tierra nocturno. Al igual que Mercurio, Venus representa tanto lo diurno como lo nocturno, así como la exhalación y la inhalación. Las definiciones de la astrología moderna reflejan el sesgo de género y el motivo por el que algunos nunca se han sentido identificados con conceptos como «los hombres son de Marte y las mujeres de Venus».

Venus es el segundo de los planetas personales, el segundo planeta desde el Sol y el más próximo a la Tierra. Venus, al igual que Mercurio, transita junto al Sol según nuestra perspectiva y siempre permanece en el mismo signo o en alguno de los signos adyacentes del Sol.

Venus rige los sentidos y, por tanto, simboliza el vínculo con todo aquello que se puede ver, tocar, oír, oler y saborear, lo que incluye a las personas, la naturaleza, el dinero, los alimentos y las cosas. Venus también simboliza los valores, las artes, la belleza, la sensualidad, la armonía y la mediación, al igual que la indecisión, la inercia y el desenfreno.

El ciclo de Venus refleja una energía más compleja y binaria: Cuando se alza sobre el Sol, Venus es la «estrella de la mañana», conocida como Fósforo o Lucifer, el portador de la luz y el yang (día) extrovertido. Cuando se desplaza para colocarse tras el Sol, Venus se convierte en la estrella vespertina, o Hesperus, que constituye una posición yin (nocturna) mucho más receptiva. Para tener una visión completa de la posición de

Inclusión

Es fundamental recalcar que el horóscopo o la carta astral no muestra el género, el color o si corresponde a un ser humano: los acontecimientos, los animales o cualquier otra cosa pueden tener un horóscopo. La astrología es arquetípica y mítica, pero no esencialmente estereotipada. Los estereotipos que puedan haber surgido tienen más que ver con la práctica y el condicionamiento patriarcal de la sociedad.

La astrología en sí misma no necesita cambiar para ser abordada de forma inclusiva e igualitaria. La astrología en sí misma es neutral. En cambio, sí debe cambiar el enfoque del astrólogo respecto a sus propios prejuicios y condicionamientos.

Para que la astrología avance, los astrólogos deben ser conscientes y aprender a cambiar sus propios prejuicios y conocer a cada uno de sus clientes como individuos únicos. Muchos astrólogos recurren a un formulario de admisión cuando captan nuevos clientes; el hecho de incluir una pregunta sobre los pronombres que prefiere el cliente es un buen aspecto que considerar a la hora de elegir un astrólogo con el que trabajar. También hay que fijarse en el lenguaje que utilizan en su marketing y en sus artículos. Al analizar tu propia carta astral, te sugiero que desarrolles el uso de los términos «día» y «noche» e «inhalar» y «exhalar» según tu interpretación, al tiempo que tomas conciencia de tus propias actitudes normativas de género firmemente arraigadas. Por ejemplo, una persona con signos de fuego y aire muy marcados puede describirse como una persona cuya carta es muy «masculina». Decir que la carta tiene un énfasis diurno y de inhalación resulta mucho más inclusivo para cualquier persona y actitud.

Venus de una persona, es recomendable tener en cuenta lo anterior, además de la posición en el signo, la Casa y demás aspectos relacionados con otros planetas.

MARTE ♂

Marte es el último de los planetas personales y el único planeta personal que está más lejos del Sol que la Tierra. A medida que Marte nos lleva a los confines del sistema solar y se aleja del Sol, la energía del propio planeta es más extrovertida. Marte rige a Aries, el pionero del zodiaco. Curiosamente, Marte también rige a Escorpio en la astrología tradicional.

La astrología convencional designa, por lo general, las prácticas que utilizan únicamente los planetas y los cuerpos esenciales visibles a simple vista, de modo que asignan el regente de los signos a los cuerpos planetarios comprendidos entre la Luna y Saturno. Como el regente tradicional de Escorpio, el planeta rojo hace gala de una designación nocturna y exhalante. En la astrología moderna, Marte es la energía yang (diurna).

Marte simboliza la acción, el impulso, el valor, el liderazgo, la afirmación, la agresión y la ira. Se suele decir que Marte es símbolo de lucha y competitividad, pero hay que destacar que Libra, gobernado por Venus, rige la guerra en sí misma, al igual que la paz. Nuevamente, la astrología entraña más complejidad de lo que se piensa.

Marte se asocia a lo físico y a la competición en general. Los cuchillos y las pistolas también son símbolos que se asocian a Marte. Marte es pasión, impaciencia y fuerza vital, y como tal es un soplo de aliento. Sin Marte, apenas podríamos hacer nada en la vida.

Marte contribuye a que cumplamos nuestros deseos. Marte es, a su vez, nuestra naturaleza animal, la cual todos poseemos en mayor o menor grado, dependiendo de la ubicación en el horóscopo individual. En su posición nocturna como regente tradicional de Escorpio, Marte es penetrante y apasionado.

JÚPITER ♃

A Júpiter se le atribuye a menudo la condición de primer planeta social, conforme nos alejamos del Sol, y representa la transición de los planetas personales a los planetas exteriores, más recientemente descubiertos, transpersonales o colectivos.

Júpiter es un planeta diurno/inhalante como regente de Sagitario, signo de fuego. Como regente tradicional de Piscis, Júpiter es la noche o la exhalación. Esta energía difusa se debe tener en cuenta al considerar el planeta en la carta de cualquier persona.

Júpiter rige Sagitario, signo de la búsqueda de la verdad y de las creencias, y la novena Casa. Júpiter es el gurú o maestro del zodiaco y representa la energía divina. En el Panteón Romano había originalmente un consejo de seis dioses y seis diosas llamado *Dei Consentes*, pero Júpiter se convertiría en el dios principal más tarde en la cultura de Roma.

El planeta Júpiter, como dios del cielo, simboliza la libertad, el optimismo, la generosidad, la suerte, la expansión, la amplitud y la verdad. Júpiter es el profeta, el sabio, el viajero del mundo y el explorador. Júpiter también es símbolo de la grandilocuencia, la inflación, la fanfarronería y el discurso.

A Júpiter se le suele atribuir el carácter de planeta de la suerte, y tal vez sea cierto, pero también representa la exageración y la sobreactuación de todo tipo.

SATURNO ♄

Saturno es el segundo de los planetas sociales y el último de los planetas de origen perceptible a simple vista que se utilizaban en la astrología tradicional. Saturno rige el signo yin de tierra, Capricornio, y, aun así, se atribuyen al planeta características que tradicionalmente se consideran masculinas. Cabe recordar que todos los géneros tienen en sí estas cualidades. Saturno es una energía nocturna, más fría, y, como regente de Capricornio, es una exhalación de aliento. Sin embargo, como regente tradicional de Urano, Saturno también manifiesta una energía diurna o de inhalación. Al interpretar tu carta, debes tener en cuenta la energía diurna o nocturna de la posición de Saturno en el signo. Saturno también está asociado a la décima Casa.

Saturno simboliza la autoridad externa, como es de esperar para lo que se consideraba el límite externo de nuestro sistema solar. Otros símbolos de Saturno son el padre o la madre, o bien la energía del progenitor que exhibe más de la energía yang. Saturno simboliza los límites, las reglas y las limitaciones, el miedo, la negación y el control. También es símbolo de la madurez, la tradición, la realidad sensorial y la vejez.

En ocasiones, a Saturno se le ha difamado por estas cualidades, pero los límites y una conciencia sensata sobre las limitaciones son importantes para poder construir los cimientos de tu vida. Es donde cerramos la puerta, en sentido literal o figurado, para reponernos de la energía del día, cargada de acción. Saturno puede ser la espina dorsal y el ancla de tu vida si decides establecer sinergias con lo que implica su posición en tu carta.

URANO ♅

Urano es el más reciente de los planetas transpersonales: aquellos que no se ven a simple vista. Fue William Herschel quien descubrió Urano en 1781, suponiendo por entonces una auténtica revolución el mero descubrimiento de un planeta que sobrepasaba los límites del sistema solar conocidos hasta entonces. Urano rige Acuario y la Casa 11. Su descubrimiento abrió camino al despliegue de fuerzas colectivas más grandes, lo que propició que los astrólogos abriesen sus mentes. Conceptos como el alma y los grandes ciclos planetarios

Planetas enanos

El descubrimiento de los hoy conocidos como *planetas enanos* que han llevado a cabo los astrónomos está transformando la astrología a un ritmo vertiginoso; estos hallazgos coinciden con el paso de las eras, desde la era de Piscis a la de Acuario.

Las eras astrológicas marcan un periodo significativo de la historia. Cada era astrológica dura alrededor de 2.160 años, y transitamos por todas esas eras desde hace más de 25.920 años. La era de Piscis comenzó en la misma época que la llegada del cristianismo y actualmente nos encontramos en la transición entre la era de Piscis y la siguiente era, la que corresponde a Acuario. (Las eras van en sentido inverso a través de los signos).

El descubrimiento de Eris en 2005 revolucionó el mundo de la astronomía y condujo a la nueva denominación de «planeta enano» en 2006, así como a la degradación de Plutón y a la promoción de Ceres, considerado anteriormente como un asteroide, a esta nueva denominación.

Tras el descubrimiento de Eris, se han hallado otros planetas enanos, entre ellos Haumea y MakeMake, mientras que se consideran Sedna, Orcus, Quaoar, Varuna, Ixion y algunos otros cuerpos transneptunianos del cinturón de Kuiper. Según indican diversas estimaciones, existen al menos 100 elementos que podrían clasificarse como planetas enanos y que aún no han sido identificados en la exploración del cinturón de Kuiper, y otros miles de ejemplares más.

Muchos astrólogos están empezando a investigar sobre dichos objetos en la práctica, pero dado que se trata de un campo de estudio recientemente abierto y en el que continuamente se producen hallazgos, este libro se limitará a tratar sobre Plutón y Ceres.

estaban hasta ese momento limitados, por lo que se concebía como un sistema cerrado, en cuyo límite exterior se ubicaba Saturno. De esta forma se refleja el despertar de la energía y la ruptura de los límites que simboliza Urano. Además, Urano tiene un eje de giro de 98° respecto a la perpendicular, lo que lo diferencia de otros cuerpos cósmicos.

Urano es la representación más fidedigna del individualismo, la singularidad, la ausencia de convencionalismo y la independencia. Urano es el revolucionario y el rebelde. Por tanto, se trata de una energía diurna de acción, de actividad y de inhalación. El lugar que ocupa Urano en el horóscopo refleja la vocación de seguir tu propio camino y romper con el *statu quo*. Urano es el genio de la invención y se abre a la información e ideas desconocidas hasta el momento, e incluso a las relaciones inexistentes hasta entonces.

NEPTUNO ♆

Neptuno, el segundo de los planetas transpersonales, fue descubierto en 1846. Como la propia naturaleza nebulosa de Neptuno, fue objeto de una predicción matemática —basada en la hipótesis de que un cuerpo planetario interfería en la órbita de Urano— y no de una mera observación empírica. Ahora sabemos que Galileo sí observó

Neptuno en el siglo XVII, posiblemente confundiéndolo con una estrella. Esas experiencias de descubrimiento tan confusas son un emblema del simbolismo de Neptuno.

Neptuno rige Piscis y la duodécima Casa, y al mismo tiempo simboliza la ilusión, la fusión, la conciencia en sí misma, la sensibilidad psíquica y la energía creativa del trance. Todos los dominios del misticismo y la mística están simbolizados a través de Neptuno, al igual que la adicción y los complejos de victimismo.

Neptuno se caracteriza por no tener límites y ser muy sacrificado, pero también por su capacidad de sanar y ser amable. La energía de Neptuno disuelve y confiere cierta nebulosidad a todo lo que toca. Como planeta receptivo y sentimental que es, Neptuno es una energía nocturna o una exhalación.

PLUTÓN ♇

Plutón es el último de los planetas transpersonales utilizados en la astrología contemporánea. De hecho, Plutón ya no es un planeta a ojos del mundo astronómico, ya que fue degradado tras el descubrimiento del planeta enano Eris. Simultáneamente, el asteroide Ceres ascendió al estatus de planeta enano, creando así una nueva clasificación de cuerpos cósmicos. Sin embargo, eso no redujo el poder inherente a Plutón.

Puesto que lo que Plutón implica es la más pura energía de transformación, ¿no parece sorprendente que, al igual que sucede con los planetas enanos recientemente descubiertos, esté transformando aún más la astrología? Plutón rige Escorpio y la octava Casa, y es una energía nocturna o de exhalación.

Refleja la transformación personal, la profundidad psicológica y el deseo del alma de evolucionar. Como guardián del inframundo, Plutón vela por nuestros recursos personales que están ocultos en las profundidades de nuestra psique. Todo aquello que para muchos se considera tabú está simbolizado a través de Plutón, incluyendo la sexualidad, la represión, la depresión y los comportamientos obsesivos.

La realidad subyacente y los reinos de las heridas kármicas están representados por Plutón. Es una energía intensa y poderosa con la que se representa tanto el empoderamiento personal como la impotencia.

DIGNIDADES Y DEBILIDADES PLANETARIAS

Se considera que todos los planetas rigen o residen no solo en uno o más signos, sino que además están más alineados con ciertos signos y no tanto con otros. A esto se le conoce común-

mente como dignidades y debilidades. Analizar las dignidades y debilidades tras conocer el concepto de regencia te permitirá profundizar en la comprensión de los planetas y los signos del horóscopo.

Las cuatro dignidades esenciales son:

⬦ **Regencia:** es el lugar en el que el planeta se encuentra más a gusto (consulta tu signo concreto en este libro, en el apartado de regencias).
⬦ **Detrimento:** cuando un planeta está en el signo opuesto a su regencia, se dice que está debilitado.
⬦ **Exaltación:** se trata del signo que brinda la mejor expresión del planeta después de su domicilio.
⬦ **Caída:** cuando el planeta está en el signo opuesto a su exaltación, se dice que está debilitado.

Si el planeta no cae en alguno de ellos, entonces se considera un planeta peregrino, con lo que los aspectos se intensifican. Conviene destacar que la experiencia apunta a que el detrimento y la caída no siempre son negativos, sobre todo cuando están bien aspectados.

A continuación, exponemos brevemente las dignidades y debilidades planetarias:

El Sol
Regencia en Leo, detrimento en Acuario, exaltación en Aries, caída en Libra.

La Luna

Regencia en Cáncer, detrimento en Capricornio, exaltación en Tauro, caída en Escorpio.

Mercurio

Regencia en Géminis y Virgo, detrimento en Sagitario y Piscis, exaltación en Virgo, caída en Piscis.

Venus

Regencia en Tauro y Libra, detrimento en Escorpio y Aries, exaltación en Piscis, caída en Virgo.

Marte

Regencia en Aries y Escorpio, detrimento en Libra y Tauro, exaltación en Capricornio, caída en Cáncer.

Júpiter

Regencia en Sagitario y Piscis, detrimento en Géminis y Virgo, exaltación en Cáncer, caída en Capricornio.

Saturno

Regencia en Capricornio y Acuario, detrimento en Cáncer y Leo, exaltación en Libra, caída en Aries.

Urano

Regencia en Acuario, detrimento en Leo, exaltación en Escorpio, caída en Tauro.

Neptuno

Regencia en Piscis, detrimento en Virgo, exaltación en Leo (o Cáncer, según la fuente de la que se trate), caída en Acuario (o Capricornio).

Plutón: Regencia en Escorpio, detrimento en Tauro, exaltación en Aries (o Piscis), caída en Libra (o Virgo).

Una vez que hemos interpretado los aspectos básicos del horóscopo, es el momento de empezar a integrar las distintas piezas de la carta astral en una historia cohesiva del alma. En el siguiente capítulo abordaremos los aspectos, que son las líneas angulares que conectan todas las partes.

Capítulo 6
Los aspectos

Los aspectos son los ángulos que forman entre sí los planetas y otros cuerpos cósmicos en el horóscopo. Los distintos aspectos difieren en sus ángulos con respecto a los cuerpos aspectados. Los aspectos enlazan los elementos dispares del horóscopo para construir una historia cohesionada. Es un concepto bastante complejo que solo puede dominarse a base de práctica y es necesario aprender primero las nociones básicas.

Los aspectos aluden a la distancia, en términos de grados, entre los puntos del horóscopo. El horóscopo consta de 360° y cada aspecto constituye a su vez una división de esos 360°. Así, por ejemplo, los aspectos del cuadrado dividen el horóscopo en cuatro para formar un ángulo de 90°. Como sucede con todo en el horóscopo, los aspectos son el yin y el yang o el día y la noche. Algunos de ellos están más orientados a la acción y otros son más receptivos y conectan con el resto de las colocaciones diurnas y nocturnas.

Todos los aspectos crean un elemento motivador con cierta tensión que inspira a la persona a actuar. El grado de motivación de un aspecto depende directamente de él y de los elementos que lo conforman. No existen aspectos buenos o malos, puesto que los aspectos menos armoniosos tienden a brindar más ímpetu, pero causan más tensión, y los aspectos más armoniosos tienden con frecuencia a exigir un esfuerzo consciente para que se activen, pero son más llevaderos. En los próximos capítulos nos detendremos más en este tema.

Generalmente, los aspectos que dividen la carta por un número par se consideran aspectos nocturnos, ya que han de integrar energías dispares, y los aspectos que dividen la carta por números impares son aspectos diurnos, los cuales tienen una forma más enérgica al trabajar de forma conjunta.

Los ángulos más importantes son los aspectos ptolemaicos, la conjunción (dos planetas juntos), la oposición (separación de 180°), la cuadratura (separación de 90°), el trígono (separación de 120°) y el sextil (separación de 30°). Te recomiendo que te centres en estos aspectos, sobre todo si eres principiante. A medida que avances en la práctica, podrás aplicar los demás aspectos para matizar aún más la lectura de tu carta.

LA CONJUNCIÓN 0°

Una conjunción tiene lugar cuando dos planetas u otros cuerpos esenciales están juntos o a pocos grados de distancia en el horóscopo. Este aspecto puede ser tanto nocturno como diurno, lo cual está condicionado por la mezcla de los cuerpos planetarios, el signo y la Casa.

Una conjunción es una mezcla poderosa de los dos planetas o cuerpos que, simultáneamente, intensifica el simbolismo de los dos planetas y desconcierta las energías dificultando la visión de las mismas. Parece que los planetas individuales se despojan de su individualidad y acaparan algunas de las características del otro, con lo que el planeta exterior suele ejercer más impacto sobre el interior. Cuanto más cercana es la conjunción, más intensa es la fusión del simbolismo y mayor es la dificultad para disociar y sentir las fuerzas propias de cada planeta. Normalmente se considera un aspecto armonioso, pero requiere una comprensión más compleja acerca de la interacción del simbolismo de los planetas, el signo y las Casas.

En el caso de Neptuno en conjunción con Venus, por ejemplo, es posible que el individuo tenga dificultades para ver con claridad a las personas con las que se relaciona y que adopte una actitud etérea hacia los demás. También es frecuente que adquieran una visión idealista y poco realista que no pueden apreciar en sí mismos.

LA OPOSICIÓN 180°

La oposición surge cuando dos planetas u otros cuerpos esenciales aparecen visualmente opuestos en el horóscopo y distan aproximadamente 180°. Dicho de otro modo, los 360° del zodiaco se dividen a su vez en dos para crear el aspecto de 180°. Considerado tradicionalmente como un aspecto disonante, la clave para trabajar con una oposición en la carta es la integración de las energías opuestas. Este aspecto es nocturno y representa la exhalación del aliento. Para comprender la manera en que pueden cooperar, es necesario mezclar el simbolismo de los planetas, los signos y las Casas.

Este aspecto tiene una proyección más clara que la conjunción. Los planetas opuestos pueden verse mutuamente y, por lo tanto, al sujeto le resulta más fácil entender la forma en que se integran ambos. Los dos planetas se comunican y negocian entre sí, lo cual puede considerarse una negociación interna que se desarrolla entre dos sujetos opuestos que se encuentran cara a cara.

Por ejemplo, la Luna en contraposición a Júpiter provocará, *grosso modo*, grandes altibajos emocionales, ya que Júpiter se expande y la Luna simboliza las emociones. Las colocaciones de los signos y las Casas facilitarán una mejor comprensión del asunto en sí.

EL TRÍGONO 120° △

El trígono es un aspecto en el cual los planetas se distancian unos 120°, lo que significa que los 360° del zodiaco se dividen por tres. Estos aspectos se sitúan casi siempre en el mismo elemento, salvo que estén disociados. Este aspecto es el más fluido y armonioso. Los planetas trabajan conjuntamente sin mayor esfuerzo, complementándose y enriqueciéndose. Es un aspecto diurno o de inhalación de aliento.

El trígono nos indica dónde están nuestros puntos fuertes por naturaleza. Los dos planetas están en signos pertenecientes al mismo elemento y trabajan en una relación simbiótica. Sin embargo, al fluir los aspectos con suma facilidad, apenas hay ímpetu para encarnar conscientemente esos puntos fuertes. Este aspecto es instintivo, pero cuando se activa puede causar una sensación de alineación real.

En este caso, Venus en Libra y Neptuno en Acuario se traduce en personas muy intuitivas y creativas, pero, habida cuenta de su naturalidad, puede que no utilicen esa fuerza en el día a día. Como los trígonos suelen estar en el mismo elemento (en este caso, el aire), normalmente significa que el sujeto no

puede aportar el ímpetu de otro elemento para potenciar el aspecto. En cambio, cuando la persona toma conciencia de ello y comienza a integrar estas fuerzas en su vida, puede desplegar el potencial de su alma con mayor facilidad.

LA CUADRATURA 90° ☐

La cuadratura es el aspecto más desafiante y más enérgico, lo que representa la separación de los dos planetas u otros cuerpos esenciales en aproximadamente 90° y la división de los 360° del zodiaco por cuatro. Nos referimos por lo tanto a un aspecto nocturno o de exhalación.

En un aspecto de cuadratura, las tensiones entre los planetas serán más intensas. El ángulo de la cuadratura sugiere que los planetas no pueden contemplarse unos a otros y, pese a ello, se afectan unos a otros. De este aspecto cabe destacar la falta de armonía, pero también el mayor impulso para superar los bloqueos evolutivos y las lecciones que conlleva el aspecto. Los planetas se disputan poco menos que la preeminencia y aun así, si el sujeto puede integrar las energías conflictivas a conciencia, este aspecto encierra un gran poder.

Por ejemplo, Venus en cuadratura con Saturno puede reflejar bloqueos en la intimidad de las relaciones y/o frugalidad con el dinero. Con conciencia y madurez, las tensiones pueden reducirse y transformarse en estabilidad en las relaciones o en la capacidad de lograr grandes éxitos financieros.

SEXTIL 60° ⚹

El sextil conecta dos planetas que se encuentran aproximadamente a 60° de distancia el uno del otro, dividiéndose así los 360° del zodiaco por seis. El sextil es un aspecto en el que reina la oportunidad y se considera armonioso. También requiere un esfuerzo consciente que permita asimilar y encarnar su fuerza potencial, pero, una vez activado, abre las puertas al crecimiento que trae consigo un gran potencial. A veces se describe como un trígono más débil, pero esa descripción peca de simplista; en todos los aspectos, los planetas, los signos y las Casas que intervienen cambian de forma considerable el poder del aspecto. Por lo general, se trata de un aspecto diurno o de inhalación, pero hay que tener en cuenta los elementos implicados.

El sextil es generalmente un aspecto que aporta una estimulación mutua a ambas colocaciones, puesto que suele conectar planetas de dos elementos diferentes para propiciar estímulos y resultados adicionales.

Por ejemplo, Marte en Géminis podría estar en sextil con Saturno en Leo, y la combinación de Marte (voluntad) y Saturno (determinación) en el aire (Géminis, que simboliza la comunicación) y el fuego (Leo, que simboliza el liderazgo) daría lugar a un líder muy fuerte que se comunica con autoridad.

ORBES

Un orbe representa los grados de diferencia respecto a la exactitud que se permite para cada aspecto. Los orbes están sujetos a controversia en las tradiciones astrológicas, donde cada astrólogo tiene su propio punto de vista. En general, el Sol y la Luna tienen un orbe más amplio, al igual que los aspectos ptolemaicos, y la conjunción y la oposición tienen la mayor amplitud de orbes posible.

Ten en cuenta que estos orbes que se sugieren son meramente orientativos. Con la práctica, descubrirás lo que te funciona y entenderás si una combinación ha de tener un orbe más amplio.

La conjunción
10° de orbe para las luminarias y 8° para el resto de los planetas.

La oposición
Orbe de 9° para las luminarias y de 7° para los demás planetas.

El trígono y la cuadratura
8° de orbe para las luminarias y 6° para los demás planetas.

El sextil

4° de orbe para las luminarias
y 3° para otros planetas.

**El quincuncio, el quintil,
el semicuadrado y el sesquicuadrado**

3° de orbe para las luminarias
y 2° para los demás planetas.

El semisextil

Orbe de 2° para las luminarias
y de 1° para el resto de los planetas.

EL QUINCUNCIO
O INCONJUNCIÓN 150° ⚻

Se trata de un aspecto desafiante que involucra a planetas en elementos y modalidades diferentes, razón por la cual es difícil encontrar algún elemento común entre los planetas aspectados. Es un aspecto de escape que invita a adaptarse para comprender que los dos planetas aspectados, en realidad, no pueden in-

Armónicos

Los armónicos conforman una visión diferente de los aspectos fueron desarrollados por John Addey en su libro de 1976, *Harmonics in Astrology*. Los horóscopos armónicos se basan en la resonancia y los sobretonos presentes en la carta.

Para resumirlo mejor, los 360° del zodiaco constituyen el tono básico y representan el número uno, mientras que las cartas armónicas tratan de unir los planetas que actúan juntos en una carta. Se trata de un cálculo complejo que, por suerte, la mayoría de los softwares de astrología de calidad calcularán por ti. No existen signos ni Casas en una carta de armónicos, solo aspectos, y cada carta de armónicos redistribuye a su vez los aspectos que están conectados por el número de esa carta de armónicos, facilitando las conexiones de los aspectos. Por ejemplo, y simplificando mucho, el cuarto armónico muestra cómo lidiamos con el estrés y la lucha, y une aspectos que dividen el zodiaco en cuatro, así como el quinto armónico designa el talento y une quintiles y biquintiles, y el séptimo armónico representa la inspiración y la ilusión. Puesto que puede haber tantos armónicos como números, te propongo que lo analices una vez que domines los fundamentos de la interpretación de la carta.

tegrarse de la forma en que lo hace una oposición o una cuadratura. Los dos son conflictivos porque las diferencias son sumamente complejas, siendo necesario fomentar una profunda conciencia y aceptación de un impulso interno de dividir en compartimentos las dos áreas de la vida para que la persona entienda el porqué de esta necesidad.

La naturaleza discordante de este aspecto se refleja en que los 150° no son una división numérica de los 360° del zodiaco.

Por ejemplo, una persona con Venus en Leo quincuncio o inconjunción con Saturno en Capricornio tiene una naturaleza amorosa, muy juguetona y alegre, además de un deseo especial de rodearse de niños, lo que se refleja en una necesidad imperiosa por trabajar y construir una gran seguridad. Esta persona se sentirá debatida entre la necesidad de jugar y la de trabajar, y le resultará difícil conciliar ambas, sintiendo continuamente que debería estar haciendo la otra, con el consiguiente sentimiento de culpa.

EL QUINTIL 72° Q

El quintil divide los 360° del zodiaco entre cinco para crear un aspecto de 72° entre dos planetas de la carta astral y, como tal, es un aspecto diurno o de

inhalación. En un horóscopo, un quintil suele denotar talento creativo, sobre todo en lo que respecta a patrones y estructuras. Las personas con quintil o quintiles en su carta suelen estar más satisfechas en la vida cuando consiguen crear o encontrar patrones de comportamiento que aprovechen al máximo los dos planetas aspectados, puesto que es en estos planetas donde el sujeto encuentra el impulso más poderoso.

Un quintil entre Mercurio y Júpiter, por ejemplo, significará que la persona se verá impulsada para aprender tanto como pueda, ya que Mercurio es la mente y la información, y Júpiter la expansión. Tal persona podría estar leyendo constantemente y/o tomando clases.

El Sol nunca puede ser quintil respecto a Mercurio o Venus, debido a que los tres viajan demasiado cerca el uno del otro y nunca están a 72º.

LA SEMICUADRATURA 45° ∠

La semicuadratura divide los 360° del zodiaco entre ocho. Es la mitad de un cuadrado y se asemeja a un cuadrado en el sentido en que representa un bloque. La concienciación del bloqueo se manifiesta a menudo mediante acontecimientos externos que invitan al sujeto a esforzarse para integrar las dos energías. Suele ser un área de inflexibilidad y el aspecto, en realidad, te invita a ser precisamente más flexible y a descubrir el modo de superar los bloqueos. Este aspecto es nocturno o de exhalación.

Una semicuadratura entre Marte y Saturno, por ejemplo, conlleva a menudo cierta propensión a rendirse cuando las cosas se tornan demasiado duras, cuando en realidad se le pide que afronte sus responsabilidades y compromisos con paciencia y perseverancia para superar el bloqueo. Al aprender esta lección, la persona sobre la que recae este aspecto se sentirá capaz de cualquier cosa.

LA SESQUICUADRATURA 135°

Este es otro de los aspectos menores, cuya energía discordante se refleja en el hecho de que los 360° del zodiaco no quedan divididos en un número entero. También se conoce como sesquicuadratura. Sin embargo, este aspecto es, simplemente, un semicuadrado multiplicado por tres ($3 \times 45°$), o la combinación de una cuadratura y una semicuadratura, lo cual nos da una idea de lo que simboliza. Yo, personalmente, lo describiría como si de una contención de la respiración se tratase, sin inhalar ni exhalar.

La sesquicuadratura causa tensión y desafío, y del que se dice que necesita control, ya que los dos planetas aspectados conducen muchas veces a malas decisiones en la vida que amplifican el simbolismo más bajo de los dos planetas aspectados.

EL SEMISEXTIL 30°

El semisextil alude a un aspecto que divide los 360° del zodiaco entre 12, lo que significa que los planetas aspectados están en signos adyacentes. El orbe que se sugiere es de 2° para las luminarias y de 1° para los demás planetas, lo que implica que muy raramente se trataría de un aspecto disociado o que está fuera de signo, si bien se puede dar el caso. Este aspecto tiene interpretaciones mixtas, con una escuela que postula que, puesto que los signos son adyacentes y, por lo tanto, de diferentes modalidades y elementos, puede suponer un reto a la hora de que los planetas actúen de forma conjunta. En cambio, hay otros que creen que el zodiaco está ordenado así a propósito y que la energía de los signos corresponde al crecimiento y la evolución personal, de modo que cada signo construye a partir del anterior. Por eso, este aspecto es útil para el crecimiento evolutivo del alma y constituye un aspecto diurno o de inhalación.

Ambas interpretaciones son válidas dependiendo del nivel de conciencia del sujeto. La persona que ya está inmersa en el proceso de crecimiento personal tiene más probabilidades de integrar los dos planetas para crear oportunidades partiendo de cualquier dificultad que brinden las dos energías.

LOS PLANETAS MÁS ASPECTADOS

Es importante analizar con detenimiento el planeta más aspectado por otros planetas y cuerpos esenciales, puesto que se convierte en uno de los puntos focales de la carta, ya que está conectado con otros muchos elementos de esta. Eso significa que cualquier interpretación de la carta debe incorporar un análisis riguroso de este planeta. Gran parte de la vida del cliente estará asociada a este planeta focal.

El planeta más aspectado se ve desafiado porque la energía de dicho planeta debe integrar otros muchos aspectos, lo cual también confiere al planeta en cuestión un potente aspecto focal por la misma razón. La naturaleza de ese desafío está representada por una síntesis de todos los aspectos, lo que puede resultar muy complejo.

Aspectos disociados

Los aspectos disociados también se conocen como aspectos «fuera de signo» y no son tan evidentes.

La mayoría de los aspectos son desde y hacia signos de una determinada modalidad o elemento. Por ejemplo, una cuadratura de un planeta en el signo mutable Sagitario normalmente involucrará a otro planeta en Virgo o Piscis, también signos mutables.

Sin embargo, debido a los orbes, un aspecto puede ocurrir en lo que aparentemente es el signo «equivocado», y eso ocurre cuando los planetas aspectados están entre los últimos y los primeros grados de los signos.

Por ejemplo, si la Luna está en 28° de Sagitario y Marte está en 1° de Aries, todavía estarían dentro de un aspecto de cuadratura, ya que están separados por 93°. Una cuadratura exacta sería de 28° Sagitario a 28° Piscis, y los 3° adicionales llevarían el aspecto a Aries, pero dicho aspecto sigue estando «en orbe».

Por ejemplo, si Mercurio, el planeta del aprendizaje, es el planeta más aspectado, se puede extraer una gran sabiduría integrando toda la sabiduría de los planetas aspectados, aunque también puede llevar al hiperanálisis por la gran cantidad de información que hay que integrar. Una buena parte de la vida de esta persona tendrá que ver con la recopilación de información, el aprendizaje y la comunicación.

PLANETAS NO ASPECTADOS

Los planetas no aspectados son un elemento fundamental. Deben tenerse siempre en cuenta y suelen considerarse los que no presentan aspectos ptolemaicos (conjunción, sextil, cuadratura, trígono u oposición) con ningún otro planeta.

Los planetas no aspectados representan partes del ser que están aisladas y que pueden suponer un reto a la hora de integrarlas en la vida. En cambio, pueden representar un área en la que destaca la fortaleza o bien un área que se caracteriza por la vulnerabilidad y la debilidad, dependiendo de cómo responda el sujeto al planeta no aspectado y de los demás puntos fuertes de los que disponga, como la dignidad o el debilitamiento. Como los planetas no aspectados pueden representar tanto dones como desafíos, y ambos son difíciles de encarnar para la persona, comprender el planeta en función del signo y la Casa puede contribuir a que la persona encare esos desafíos y al mismo tiempo encarne los dones que ese planeta le otorga.

Un planeta no aspectado puede traducirse en que la persona en cuestión se sienta fuera de lugar e incomprendida por el resto del mundo, especialmente si el planeta no aspectado es personal, como el Sol, la Luna, Mercurio, Venus o Marte.

Hasta ahora, hemos visto la mayoría de los componentes de una carta astral, incluidos los elementos, las modalidades, los planetas, los decanos y los aspectos; por lo que en el próximo capítulo veremos las Casas que marcan las distintas áreas de la vida en la carta astral.

Capítulo 7
Las Casas

El horóscopo es una combinación de la rueda del zodiaco, que representa la rotación anual del Sol a lo largo de la eclíptica desde nuestra perspectiva, y la rueda de las Casas, basada en la rotación axial que realiza la Tierra durante 24 horas. Para elaborar el horóscopo en el que se unen las dos ruedas, es necesario disponer de datos precisos sobre el nacimiento, la fecha, la hora y el lugar.

Las 12 Casas designan esferas de la vida o campos de experiencia. Aquí es donde el que (planetas y demás cuerpos esenciales) y el cómo (los signos) actúan en ti y en tu vida. Las Casas siguen el camino del desarrollo personal desde el nacimiento (la primera Casa) hasta la muerte (la duodécima Casa). Las Casas en sí son como el pulso o el aliento del cosmos, como todo lo demás en el horóscopo. Por ejemplo, la primera Casa, regida por Aries y Marte, es una Casa diurna o de inhalación, la segunda es una Casa nocturna o de exhalación, y así sucesivamente.

Incluir las Casas en la interpretación del horóscopo es una de las fórmulas para empezar a comprender la particularidad de cada plano cósmico. Una persona con el Sol en Sagitario en la segunda Casa tendrá una vivencia diferente a la de una persona con el Sol en Sagitario en la décima Casa, por ejemplo. La primera dará mayor importancia a los valores personales y a la autoestima, y la segunda se centrará más en la trayectoria profesional y en su vida pública.

LA PRIMERA CASA: LA CASA DEL SER

La primera Casa representa el nacimiento y los primeros años de vida. Es la primera inhalación de la vida y a la vez una Casa diurna, orientada hacia la acción y de carácter angular. La cúspide de la primera Casa es la representación del signo del horizonte oriental en el momento y lugar de nacimiento del horóscopo, visto desde la perspectiva de ese momento y lugar. La cúspide de la primera Casa también atiende al signo naciente o ascendente y representa el amanecer de una nueva vida cuando la persona toma su primer aliento al nacer. La primera Casa está regida por Marte y Aries en el horóscopo natural.

Es la Casa del ser, de la fuerza vital, y el signo de la cúspide o del comienzo de la Casa está relacionado con el ascendente y la persona. El ascendente y la primera Casa son tu recepcionista particular y representan el ser o la presencia del «yo soy», así que es donde te ves a ti mismo por primera vez antes de empezar a madurar y evolucionar.

El color de los planetas contenidos en esta Casa será el correspondiente al signo de la primera Casa y se proyectará directamente hacia aquellos que conozcas: así te ven los demás al principio. Tus primeras vivencias en la infancia y tus habilidades innatas también están representadas en la primera Casa, como también lo están tu experiencia natal y las reacciones que tienes de forma espontánea ante los estímulos externos.

LA SEGUNDA CASA: LA CASA DE LOS RECURSOS

La segunda Casa es el punto en el que exhalamos y tomamos conciencia del mundo físico, el cuerpo, la naturaleza, las posesiones y el dinero. Es donde logramos establecer nuestra conexión con el mundo material. La segunda Casa es el reino de la materia que podemos tocar, ver, oír, oler y saborear, y es una energía nocturna, pues estamos más receptivos a los sentidos por la noche. Esta Casa está regida por Venus y Tauro.

Es el reino de todos los recursos, incluidos los recursos internos, la autoestima, los valores fundamentales y la relación con el cuerpo y el mundo natural. También es el reino de aquello a lo que das valor, tu relación con el dinero y las posesiones en el plano físico.

La segunda Casa es la de la autosuficiencia y la sensualidad, que se ve modificada en función de los planetas que se encuentren en la cúspide de la Casa y de su signo. Júpiter en la segunda Casa, por ejemplo, suele corresponder a una persona con una gran autoestima y capacidad para ganar dinero, a la que probablemente también le guste explorar la naturaleza.

LA TERCERA CASA: LA CASA DE LA COMUNICACIÓN

La tercera Casa es el lugar en el que nos adentramos en nuestra mente consciente y comenzamos a aprender sobre el mundo que nos rodea. Es una Casa diurna, inhalante y cadente, porque en esta Casa agudizamos nuestra capacidad de percepción y observación, y recopilamos información. En esta Casa encontramos nuestra propia voz, aprendemos a escribir y desarrollamos nuestros estilos de comunicación. También representa nuestra educación temprana, el sistema de aprendizaje y el modelo de estudiante que somos o fuimos, así como nuestros hermanos y vecinos. La tercera Casa es donde desarrollamos la conciencia de nuevos puntos de vista y del mundo que nos circunda.

Es el reino del transporte y los viajes cortos, los correos electrónicos, los cotilleos, las llamadas telefónicas y los mensajes de texto, y está regido por Mercurio y Géminis.

Saturno en la tercera Casa, a modo de ejemplo, podría indicar que estamos ante un estudiante diligente y aplicado, pero de pocas palabras.

LA CUARTA CASA: LA CASA DEL HOGAR

En la cuarta Casa volvemos a exhalar y entramos en el reino de la noche y en una Casa angular, ya que nos adentramos tanto en nuestro hogar, como en el lugar donde vivimos, como en la par-

Sistema de Casas

Existen al menos 50 sistemas de Casas diferentes, que constituyen un medio para dividir el horóscopo. Algunos de los más comunes son el de Porfirio, el de Plácidus, el de Koch y el de los signos enteros. Plácidus es el sistema de Casas por defecto para la mayor parte del software de elaboración de cartas astrales y se convirtió en el más popular porque había más tablas de Casas disponibles cuando los horóscopos se dibujaban a mano.

Los astrólogos que se aproximan al renacimiento helenístico tienden a utilizar signos enteros, y muchos de los astrólogos evolutivos utilizan Porfirio, aunque algunos optan por Koch, que es un sistema más reciente.

Existen numerosas formas de dividir el espacio y hay un consenso general en muchos sistemas de Casas en que el horizonte, conocido como el ascendente, inicia la primera Casa, mientras que el medio cielo (cenit) inicia la décima Casa, y las Casas conforman una división entre los ángulos. Mi sistema preferido es el de Porfirio, que divide el espacio entre los ángulos por tres, la trinidad. En cualquier caso, yo no recomiendo un sistema determinado, sino que te invito a que lo investigues por ti mismo para que aprendas con el tiempo lo que prefieres.

te más privada de nuestra vida interior. Este ámbito de la vida representa los cimientos de nuestra seguridad, tanto emocional como material. En esta Casa se refleja tu educación, junto a uno o ambos padres y las influencias y patrones de tus antepasados. En términos de desarrollo, es allí donde tomamos conciencia de nuestro paisaje emocional interior y de cómo nos comportamos desde el punto de vista emocional frente al mundo que nos rodea.

Esta Casa está asociada a la Luna y al signo de Cáncer. Uno de los aspectos de la vida que suele ignorarse es el autocuidado y el amor propio. Aquí se refleja la forma en que te han educado y cómo aprendes a cuidarte y a satisfacer tus necesidades emocionales, incluyendo el tipo de hogar que creas o prefieres.

Alguien con Plutón en la cuarta Casa, por ejemplo, puede que haya tenido una infancia difícil con luchas de poder de cualquier tipo dentro del hogar, y puede que se vea abocado a transformar eso en su propia vida, rompiendo patrones ancestrales.

LA QUINTA CASA: LA CASA DE LA AUTOEXPRESIÓN

La quinta Casa es una Casa de fuego, está asociada al Sol y a Leo: una inhalación de aliento, una energía diurna y una Casa sucedente. En ella se desarrolla la propia expresión creativa y la alegría de vivir.

Yo siempre pienso en la quinta Casa como el desarrollo del alma del adolescente, el lugar donde empezamos a hacer brillar nuestra luz en el mundo, donde desarrollamos nuestra autoconciencia. Es el reino de los niños, la diversión y la *joie de vivre* («alegría de vivir» en francés). Es la Casa que da cabida a las aficiones y los deportes, en la que aprendemos a jugar, y es, al mismo tiempo, la primera de las Casas de las relaciones afectivas, puesto que en ella se sitúan las relaciones amorosas. Tu capacidad de rendimiento y tu trayectoria vital quedan reflejadas en la quinta Casa.

Un énfasis en esta Casa sería indicativo normalmente de alguien a quien le atraen las artes creativas y de aquel que tiene un enfoque alegre de lo que es el mundo.

LA SEXTA CASA: LA CASA DE LO SERVICIAL Y LA SALUD

La sexta Casa está asociada a Virgo, un signo de tierra, y está regida por Mercurio. Es una energía nocturna y es a la vez una Casa de exhalación y de cadencia. La sexta Casa es donde descubrimos la necesidad de ser útiles en el mundo, de ser serviciales en nuestras rutinas diarias y en el trabajo. Tu experiencia laboral cotidiana, la naturaleza del trabajo y el estilo de vida diaria vienen reflejados en esta Casa. La salud también está asociada a la sexta Casa, así como los animales domésticos.

En términos de desarrollo, en la sexta Casa empezamos a descubrir cómo podemos contribuir al mundo y a otras personas. Es el lugar donde empezamos a cambiar desde el escenario interior del desarrollo personal y crecemos hacia el mundo exterior de la edad adulta.

La energía nocturna o de exhalación de la sexta Casa es la respuesta al mundo que nos rodea e implica el deseo y la necesidad de crear cierto orden en el mundo. Como tal, la limpieza y la higiene están conectadas, y tu capacidad de reacción frente a cualquier estímulo exterior se refleja aquí.

LA SÉPTIMA CASA: LA CASA DE LAS RELACIONES Y EL MATRIMONIO

En la séptima Casa, el alma inhala profundamente y entra de lleno en el ámbito del mundo exterior o adulto. Esta Casa está regida por Libra y Venus, en su encarnación más externa y diurna, y es una Casa diurna y angular. Esta Casa se correlaciona con el descendente, el punto opuesto al ascendente, donde se refleja lo que te atrae y lo que a los demás les atrae de ti.

La séptima Casa está ligada al conjunto de relaciones interpersonales significativas, entre las que se encuentran la pareja o compañeros de vida más importantes. Esta Casa también engloba a los hijos adultos, las relaciones comerciales o laborales relevantes y las amistades importantes. El carácter y los patrones que siguen sus relaciones se reflejan en esta Casa. Otro aspecto asociado a esta Casa es lo que Jung definió como «yo repudiado», que es la parte del yo que no nos gusta y que vemos en los demás. A menudo puede interpretarse como una parte de los demás que desencadena una fuerte reacción emocional de rechazo.

Como segunda Casa de las relaciones, la séptima Casa representa el punto en el que nos unimos en pareja, ya sea viviendo con una persona o casándonos con ella. La octava Casa se apoya en este aspecto en el marco de las relaciones a largo plazo.

LA OCTAVA CASA: LA CASA DE LA INTIMIDAD Y LA MUERTE

La octava Casa es otra Casa de exhalación y nocturna, en la que nos sumergimos en todo lo relacionado con la oscuridad, y se asocia con Plutón y Escorpio. Esta Casa es una Casa sucedente y pertenece al reino de las relaciones profundamente vinculadas, la pareja de larga duración unida emocional, psicológica y sexualmente. Es la energía de la fusión de la vida, los recursos y los cuerpos espirituales. Esta es la tercera Casa de las relaciones y donde la verdadera intimidad de la relación se da en las relaciones sentimentales duraderas.

También es el reino de la muerte física y psicológica, y de la transformación y regeneración psicológicas. Las herencias y otras cuestiones, a menudo tabú, se asocian a esta área del horóscopo, como los reinos de la magia y lo oculto. Es el terreno de la terapia a fondo o de la exploración del alma y de su relación con el poder compartido y el material kármico. La octava Casa es el reino del poder y de la impotencia, y en ella pueden aparecer dinámicas de poder manipuladoras o abusivas.

Esta Casa engloba tus propios reinos psicológicos en la sombra, las partes de ti que tal vez prefieras no mirar con detenimiento, aunque también es el reino de tu tesoro interior, por lo que la exploración intrépida de la octava Casa puede traer grandes recompensas.

LA NOVENA CASA: LA CASA DEL YO SUPERIOR

La novena Casa es otra de las energías diurnas y de inhalación, la que nos lleva a los reinos de la expansión y la exploración del mundo al igual que al aprendizaje superior. Esta Casa se caracteriza por su cadencia y está regida por Júpiter y Sagitario. La novena Casa es la esfera asociada a todas las formas de estudio superior (formal e informal), la filosofía y las creencias personales. La forma en que experimentas lo que para ti es lo divino se reflejará aquí y, por lo tanto, la religión también está asociada a esta Casa. Esta Casa puede albergar el dogma, pero generalmente tiene que ver con la expansión de la mente y la conciencia.

Desde el punto de vista evolutivo, la novena Casa nos conduce a una búsqueda de visión encaminada a encontrar el sentido de la vida. En la novena Casa buscamos la verdad, la libertad, la sabiduría y la comprensión de la ley natural, así como el funcionamiento del mundo y de la propia naturaleza. La energía de la exploración también conlleva la representación de los viajes en esta Casa, incluyendo los largos recorridos por la mente.

LA DÉCIMA CASA: EL YO PÚBLICO

La décima Casa es la cara más pública de tu carta astral y, sin embargo, es una energía de exhalación y de tierra, nocturna, en la que reflexionamos acerca de cómo se nos percibe en el mundo. Es una Casa angular y está regida por Saturno y

Capricornio. La décima Casa es el carácter de nuestra contribución o misión en la vida, a menudo considerada como nuestra carrera, por lo que es de esperar que estén alineadas. Dado que es el lugar donde más visible eres ante el mundo, esta Casa también se asocia con tu reputación o estatus público. Es el reino del anciano sabio y donde se crean las leyes elaboradas por el hombre, en contraposición a las leyes naturales exploradas en la novena Casa. Es también un lugar de gravedad, en el que construimos la seguridad financiera y física. El sentido del deber y la responsabilidad hacia los demás también se representan aquí, así como la integridad.

Al igual que ocurre con la cuarta Casa, esta Casa también se asocia con uno de los padres, generalmente el que está más presente en el mundo que el otro, o el que representó la autoridad y tu propia relación con la autoridad y la sociedad establecida, tales como las instituciones que gobiernan el mundo.

LA UNDÉCIMA CASA: LA CASA DE LA COMUNIDAD

La undécima Casa es una inhalación de aliento, una Casa diurna y sucedente que nos traslada a la comunidad en todas sus expresiones, y está asociada a

Cuadrantes

El horóscopo está dividido en cuatro cuadrantes, además de en diferentes hemisferios, y cada cuadrante dispone de tres Casas, que se describen como angulares, sucedentes y cadentes. Las Casas angulares son las que tienen un ángulo (ascendente, Medium Coeli, descendente o Imum Coeli) en la cúspide. Las Casas angulares están regidas por los cuatro signos cardinales —Aries, Cáncer, Libra y Capricornio— y representan la acción y el comienzo de las distintas etapas de la vida. La primera es el punto de partida del desarrollo personal, la cuarta es el desarrollo de la conciencia, la séptima es el desarrollo de las relaciones y la décima es el desarrollo de la conciencia pública y de grupo. Las Casas sucedentes están regidas por los cuatro signos fijos: Tauro, Leo, Escorpio y Acuario. En estas Casas se consolida aquello que se inició en las Casas angulares. Las Casas cadentes, por su parte, están regidas por los cuatro signos mutables: Géminis, Virgo, Sagitario y Piscis. En estas Casas, empezamos a pensar en los cambios previstos a medida que transitamos de una fase de desarrollo a la siguiente.

Urano y Acuario. Es el reino de los grupos de amigos, las organizaciones y las asociaciones. La undécima Casa también se asocia con las causas sociales, la conciencia social y la política. Un énfasis marcado en esta Casa significa que la persona, probablemente, será humanitaria y tendrá especial interés en la ecología.

Otra de las asociaciones de esta Casa es la de Internet, dado el aspecto comunitario de la misma, y, en particular, las redes sociales. También se pueden apreciar habilidades latentes o por descubrir y la Casa se asocia con la perspectiva de futuro, los grandes objetivos, las nuevas ideas y los descubrimientos.

Desde el punto de vista del desarrollo, pasamos de crear sólidas ambiciones, reglas y fundamentos en el mundo de la décima Casa, a entrar en el ámbito de las conexiones sociales. En esta Casa aprendemos a desprendernos de las reglas impuestas por la autoridad de la décima Casa, a seguir nuestro propio camino y a explorar el reino de nuestro genio para crear nuestro futuro.

LA DUODÉCIMA CASA: LA CASA DEL INCONSCIENTE

En la duodécima Casa, una Casa cadente, exhalamos por última vez en este viaje mientras entramos de lleno en la energía nocturna del inconsciente. Este es el reino de todas las cosas misteriosas y místicas y está asociado con Neptuno y Piscis.

Esta Casa es el momento que precede al nacimiento y el instante previo a la muerte, el fluido amniótico antes de la primera inhalación en la primera Casa, la experiencia prenatal y el momento del desvanecimiento justo antes de la última exhalación. Aquí figuran todas las formas de estados alterados, incluidos los estados químicamente inducidos y los estados meditativos. Creativa e intuitiva, esta Casa nos conecta con el conocimiento y la comprensión transpersonal. Esta Casa es un espacio liminal, el espacio que hay entre los mundos, y se asocia a todo espacio y actividad de transición, como el trance, el hipnotismo y los misterios.

La reclusión y los entornos de aislamiento también se asocian a esta Casa, como las prisiones, los monasterios, los espacios de retiro y los hospitales. Nos encontramos en un lugar de ensueño, de gran empatía y misterios desconocidos.

Ahora que tienes los pilares de una carta astral, es el momento de revisar y empezar a integrar una historia cohesiva del ser. En el siguiente capítulo, veremos cómo interviene cada elemento en el proceso de construcción de la carta astral.

ENTIENDE TU
CARTA ASTRAL

En la segunda parte, utilizaremos los
elementos que hemos abordado en la
la primera parte de la guía hasta llegar a
considerar la carta astral como un todo.

Para ello, estructuraremos
e interpretaremos tu carta astral
y analizaremos con detalle otros
cuerpos estelares.

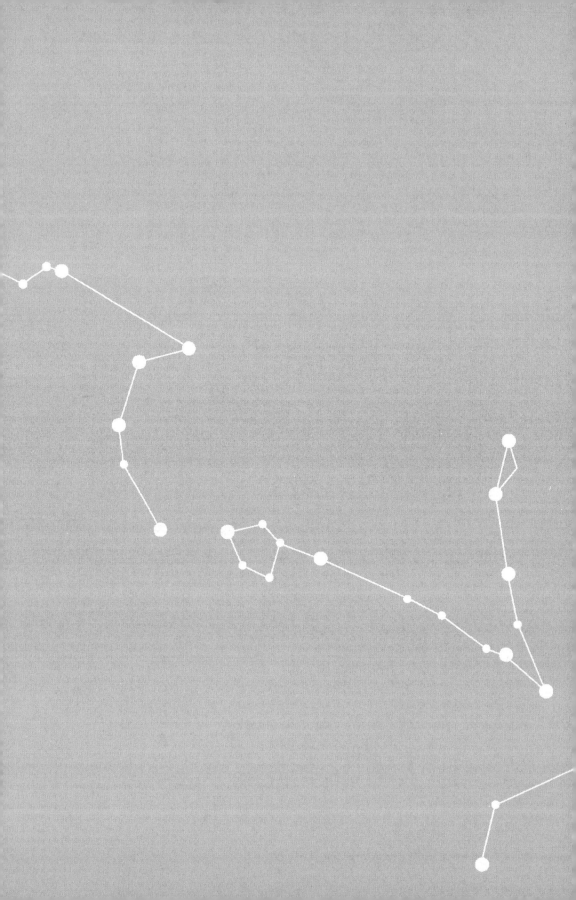

Capítulo 8
Cómo estructurar
tu carta astral

En este capítulo repasaré brevemente los elementos astrológicos de los signos, las Casas y los planetas que se plantearon en la primera parte (véase la página 15) y profundizaré en la forma en que cada elemento interviene en la estructuración de la carta astral. Recuerda que recurrimos a los conceptos de día y noche y los de inhalación y exhalación, para designar la naturaleza vital y palpitante del cosmos en tu interior.

LOS SIGNOS

En un horóscopo astrológico, el anillo exterior de la carta gráfica representa el zodiaco, con el cinturón que comprende los 12 signos astrológicos y que, como todo círculo geométrico, abarca los 360°. La rueda de la medicina o «círculo de los animales» se divide en 12 segmentos iguales de 30° que se basan a grandes rasgos en las constelaciones, aunque no son equiparables a ellas. La inmensa mayoría de los planetas y otros cuerpos esenciales se desplazan por los signos del zodiaco siguiendo el plano de la eclíptica, conocido como órbita, en una estrecha franja. Sin embargo, Plutón y algunos de los planetas enanos recientemente descubiertos no cumplen el mismo plano orbital, lo que les confiere una órbita excéntrica en comparación con los planetas más tradicionales.

Los signos del zodiaco siguen siempre el mismo orden, de Aries a Piscis, recorriendo el anillo exterior del horóscopo en sentido contrario a las agujas del reloj. Los signos representan 12 impulsos y necesidades psicológicas, y cada uno de nosotros alberga estos 12 signos en su mapa mental. En la siguiente ilustración de las Casas, el signo del ascendente, a las 9:00 en la carta de muestra, es Aries, pero el signo del ascendente en una carta individual puede variar según la hora y el lugar de nacimiento. Lo verás en las dos cartas de muestra que aparecen al final de este capítulo.

CASAS

En la página 93 se describen cada uno de los 12 sectores que se corres- ponden con los números del diagrama de abajo:

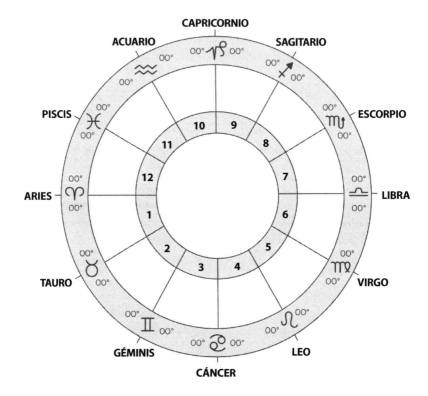

Las cartas natales se dividen en 12 sectores, o trozos del pastel, que también se mueven en sentido contrario a las agujas del reloj. Las Casas son fijas, ocupan la misma posición en cada carta, mientras que los signos giran en torno a ellas, al igual que lo hacen los signos y los planetas en torno a la eclíptica desde nuestra perspectiva.

Según la hora y el lugar de nacimiento, cada Casa tendrá un signo diferente en su cúspide o comienzo. Dependiendo del sistema de Casas que se utilice, es posible que algunas Casas tengan el mismo signo en la cúspide de dos de ellas. Consulta el capítulo 7 relativo a los sistemas de Casas (véase la página 81).

LOS 12 SECTORES DE LAS CASAS

1
Casa del ser
Inhalación, día
Personalidad
Lo que proyectas
Fuerza vital
Experiencias y habilidades tempranas

2
Casa de los recursos
Exhalación, noche
Confianza en sí mismo, valores
Relación con el cuerpo, mundo físico
Cómo ganar dinero

3
Casa de la comunicación
Inhalación, día
Percepción y observación
La voz
Escritura y estilo comunicativo
Educación temprana
Hermanos, vecinos
Transporte y viajes cortos

4
Casa del hogar
Exhalación, noche
Vida interior y privada
Seguridad y fundamentos
emocionales y materiales
Satisfacción de las necesidades
emocionales, cuidado personal
Tipo de hogar

5
Casa de la autoexpresión
Inhalación, día
Expresión creativa
Alegría, placer, juego, aficiones
Relaciones amorosas, romances
Niños

6
Casa del servicio y la salud
Exhalación, noche
Utilidad, servicio. Rutinas diarias y trabajo
Naturaleza del trabajo cotidiano
Cuestiones de salud, limpieza,
dieta y alimentación diaria. Mascotas

7
Casa de la relación y el matrimonio
Inhalación, día
Lo que te atrae y lo que atraes
Relaciones significativas
El yo repudiado

8
Casa de la intimidad
Exhalación, noche
Vínculos afectivos profundos
Cuestiones psicológicas profundas
Transformación y muerte
Herencias y recursos económicos
compartidos

9
Casa del yo superior
Inhalación, día
Expansión y exploración
Estudios superiores y filosofía
Creencias personales
Experiencia de lo divino
Viajes largos y diferentes culturas

10
Casa del yo público
Exhalación, contribución nocturna
o misión en la vida
Carrera
Visibilidad y reputación pública
Uno de los padres

11
Casa de la comunidad
Inhalación, día
Grupos y organizaciones
Amigos
Causas sociales, conciencia
Humanitarismo
Política, incluida la política de género
Conexión a Internet

12
Casa del inconsciente
Misterio, mística, meditación
Estados alterados, químicos o meditativos
Conocimiento transpersonal
Reclusión, retiros, monasterios, prisión
Sueño, empatía

PLANETAS

Dentro de cada uno de los signos y Casas figuran los símbolos de los planetas y otros cuerpos esenciales. Cada planeta representa una parte de la psique que está incluida en el conjunto. El signo en el que se encuentra representa la forma en la que actúa ese planeta, y la Casa designa el área de la vida en la que el planeta está activo.

EJEMPLOS DE CARTAS NATALES

Veamos algunos ejemplos de cartas natales: Jodie Foster y Anderson Cooper.

Jodie Foster

Jodie Foster nació el 19 de noviembre de 1962 a las 8:14 de la mañana en

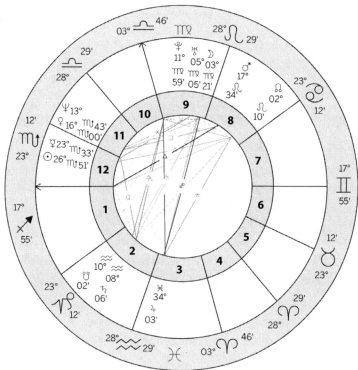

Jodie Foster
Natal. Lunes, 19/11/1962. 8:14 AM PST +8:00. Los Angeles, California. *Porfirio Tropical* (Véase al final del libro la carta astral en colores distintivos).

Los Ángeles, California. La célebre actriz tiene el Sol en Escorpio, un *stellium* de Escorpio, la Luna en Virgo y Sagitario ascendente.

Te sugiero que eches un vistazo a la carta antes de profundizar en los detalles. En esta carta predominan los elementos de agua, con el Sol, Mercurio, Venus, Júpiter y Neptuno en signos de agua. Su ascendente está en Sagitario, un signo de fuego, con Marte en Leo, otro signo de fuego, aspectado, y su Luna, Urano y Plutón están en Virgo, un signo de tierra. Eso hace pensar que Foster es un alma predominantemente espiritual, imaginativa y creativa. Su modalidad primaria es fija, lo que sugiere que disfruta de la estabilidad, y su modalidad secundaria es mutable, por lo que es capaz de adaptarse a los cambios cuando es necesario.

Los individuos ascendentes de Sagitario suelen sentirse atraídos por los viajes y el aprendizaje superior. Foster ha hecho ambas cosas, estudiando en Francia cuando era joven, hablando francés con fluidez y graduándose *magna cum laude* en Yale. El planeta regente de Sagitario es Júpiter. El Júpiter de Foster se encuentra en Piscis, concretamente en la tercera Casa, lo que apunta a una capacidad de aprendizaje y de asimilación de la información muy expansiva, semejante a la de una esponja. Júpiter está en oposición a la conjunción Luna-Urano-Plutón en la novena Casa (que,

naturalmente, está regida por Sagitario), lo que refleja su atracción por los estudios superiores, pero también lo que ella comenta sobre los rituales de todas las religiones que se celebran en su Casa a fin de que su familia se eduque en todos los sistemas de creencias (novena Casa). Júpiter en la tercera Casa revela su destreza académica precoz y, además, se comenta que Foster ya sabía leer a los tres años.

El Sol en un *stellium* de Escorpio que abarca la undécima y duodécima Casa con la luminaria en la duodécima Casa denota su carácter personal profundamente privado, ya que tanto Escorpio como la duodécima Casa son representativos de la privacidad.

El Marte de Foster, regente tradicional de Escorpio, en Leo, está en la octava Casa, la Casa natal de Escorpio, lo que se suma a ese impulso hacia la privacidad, si bien un Marte de Leo también tiene la capacidad de actuar. El medio cielo de Libra también refleja su naturaleza creativa, al igual que lo hace su conjunción Venus-Neptuno en Escorpio. Sus colocaciones en el agua, en la octava y duodécima Casa, y su Júpiter en Piscis apuntan a una naturaleza profundamente intuitiva y posiblemente psíquica. También denotan un profundo deseo de indagar en las motivaciones psicológicas de los demás, y Foster lo ha demostrado a través tanto de los papeles que ha elegido como de los proyectos que ha dirigido.

Su conjunción Luna-Urano-Plutón en Virgo en la novena Casa también evidencia su inclinación a explorar áreas de la vida emocionalmente profundas y psicológicamente traumáticas (conjunción Urano-Plutón). En sus papeles cinematográficos nos vienen a la mente *Taxi Driver* y *El silencio de los corderos*, y el tema de su tesis en Yale fue precisamente el de Toni Morrison, cuyas obras profundizan en la esclavitud y el racismo en la historia afroamericana.

La carta de Foster refleja una naturaleza sumamente inteligente y exploradora, dotada de una profunda sensibilidad, una naturaleza intuitiva y un poder emocional que traslada a su trabajo cinematográfico público y que, por otra parte, mantiene en el plano privado.

Una nueva visión de los planetas

Los planetas suelen tener nombres de dioses y diosas de épocas y mitologías antiguas, pero hay que tener en cuenta que los dioses representan partes antropomorfizadas de la experiencia humana y son de naturaleza arquetípica. Existen mitos y temáticas similares en diversas culturas, aunque con diferentes nombres para esas representaciones arquetípicas.

Fue la humanidad la que representó a los dioses como masculinos o femeninos, dados los límites de nuestra comprensión, y así se ha trasladado al lenguaje de la astrología.

No pretendo que cambiemos el nombre de los planetas, sino que reconozcamos la falta de matices humana impuesta a la interpretación astrológica de los planetas. Por ejemplo, Marte se ha descrito como masculino a lo largo de cientos de años, a pesar de que tradicionalmente el planeta regía tanto a Aries como a Escorpio, considerados como signos masculinos y femeninos respectivamente. Los planetas tienen tantos matices como los seres humanos. Todos los seres vivos, incluidos los cuerpos planetarios, son diurnos y nocturnos: realmente, todo el universo es de naturaleza no binaria.

Anderson Cooper

Anderson Cooper nació el 3 de junio de 1967 a las 15:46 en Nueva York, Estados Unidos. El elemento principal de Cooper es el aire, con un Sol en Géminis, un ascendente en Libra y Marte en Libra en conjunción con el ascendente.

El agua ocupa el segundo lugar, con el medio cielo, el planeta regente Venus y Neptuno, todos ellos pertenecientes a signos de agua. La Luna, Júpiter y Saturno, en signos de fuego, ocupan un tercer lugar. El único lugar de tierra de Cooper es una conjunción Urano-Plutón en Virgo. Cooper goza de un buen equilibrio de energía cardinal, fija y mutable. La mayoría de los planetas de Cooper están en el hemisferio sur, o mitad superior, de la carta, lo que sugiere que es extrovertido y sociable. La primera impresión que se tiene de él es la de una persona bastante equilibrada.

Con un Sol de Géminis, un ascendente de Libra con Marte conjuntado en Libra y el planeta regente, Venus, en la parte superior de su carta con el medio cielo, no es de extrañar que Cooper haya elegido un rol público en su carrera: los signos de aire están conectados con la mente, los medios y la comunicación. Con Marte en su ascendente y su Luna y Saturno en Aries regido por Marte, e igualmente próximos a su descendente, está abocado a superarse y a triunfar. Su gran oportunidad en los medios de comunicación la consiguió por sí mismo (Aries), fingiendo un salvoconducto de prensa para entrar en Myanmar y vendiendo sus propios reportajes a Channel One, una pequeña agencia de noticias.

Su elemento principal es el agua, con el medio cielo en Cáncer, el planeta regente Venus en Cáncer y angular (conjunción con el medio cielo) y Neptuno en Escorpio, lo que sugiere una naturaleza profundamente afectiva, que ha inspirado su trabajo de investigación, mostrando a menudo su lado más emocional en directo. Se ha hecho eco de sus palabras: «Sí, preferiría no ser emocional y preferiría no alterarme, pero lo cierto es que es muy complicado no hacerlo cuando estás rodeado de gente valiente que sufre y está necesitada».

Sin embargo, su conjunción Urano-Plutón en la duodécima Casa apunta a una profunda conexión con el trauma e indica la presencia de un suceso traumático en su propia vida. Su hermano se quitó la vida en 1988, y Cooper ha reconocido que se insensibilizó ante los horrores de la guerra después de haber hecho reportajes como reportero durante varios años. Su Sol en la octava Casa también sugiere esa atracción investigadora hacia los entresijos. Por suerte, sus poderosas colocaciones de aire y fuego le ayudan a compensar este aspecto, por lo que sabe distinguir cuándo pasar al lado más amable de la vida para salir a flote de los círculos más turbios. Su Sol en la octava Casa también revela su carácter discreto en lo que respecta a su vida personal.

El ascendente en Libra de Cooper lo dota de un aspecto y unos modales sumamente atractivos, y su Júpiter de Leo en la décima Casa le confiere un encanto estelar. Su Leo Júpiter insinúa asimismo su lugar en la «realeza» americana como heredero de los Vanderbilt.

Ahora que hemos visto la estructura de la carta y hemos empezado a desarrollar herramientas de análisis a través de ejemplos, es el momento de ahondar aún más en la interpretación de la carta e integrar otros elementos en ella. En el próximo capítulo, añadiremos elementos como algunos asteroides y ángulos (véase páginas a color al final del libro).

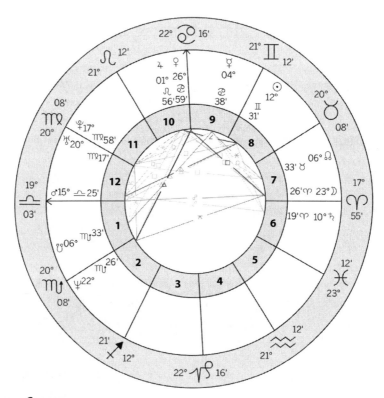

Anderson Cooper
Natal. Sábado, 03/06/1967. 3:46 PM EDT +4:00. Nueva York, Nueva York. *Porfirio Tropical* (Véase al final del libro la carta astral en colores distintivos).

Capítulo 9
Aprende a interpretar tu carta astral

En este capítulo nos fundamentaremos en todo lo que has podido aprender hasta el momento e incluiremos algunos elementos más que te ayudarán a profundizar en la interpretación del horóscopo. La colocación del Sol, la Luna y el ascendente por sí solos proporcionan una visión real, pero los conocimientos que se derivan de la inclusión de otros planetas y elementos en la carta tienen un valor incalculable a medida que se incrementa el conocimiento.

En los capítulos restantes, introduciré algunos elementos más y te guiaré a través de una comprensión práctica para leer tu propia carta. Sin embargo, me gustaría recalcar que no hay nada como la práctica continuada para alcanzar una percepción más precisa.

La elaboración de una carta astral se ha simplificado considerablemente con la llegada de los programas informáticos astrológicos. Antes, se podía calcular una carta con una tabla de Casas y una efeméride, pero hoy en día existen multitud de opciones para elaborar una carta con un ordenador. Algunas de las mejores propuestas profesionales son *Solar Fire, Matrix* y *Astro Gold,* pero también puedes calcular tu carta astral de forma totalmente gratuita en *astro.com,* una de las mejores y más completas opciones gratuitas disponibles.

Astro Gold tiene una aplicación, al igual que otras dos aplicaciones interesantes: *Time Nomad* y *TimePassages.*

TU SOL ☉, LUNA ☽ Y ASCENDENTE A^{sc}

El Sol, la Luna y el ascendente, o signo de ascendencia, son los tres indicadores principales de la personalidad. Deben tenerse en cuenta en primer lugar al comenzar a explorar la carta astral. El Sol es tu núcleo, la Luna es tu alma y el ascendente es tu persona. Para calcular con precisión la posición de los tres (y de los demás elementos de la carta), se necesita una fecha, hora y lugar de nacimiento exactos. Esto es especialmente relevante en lo que respecta al Sol, si has nacido en torno al día 21 del mes, ya que el Sol se desplaza hacia el siguiente signo en diferentes días y horas cada año. Los aspectos y las cúspides de las Casas también son más precisos con la hora de nacimiento correcta.

El Sol ☉

Como se ha destacado anteriormente, el Sol representa la verdadera esencia de lo que eres. Es tu ego, tu ser vital, el principio de organización central del sistema solar y de ti mismo. Regido por el corazón, se podría decir que el Sol es el director de tu orquesta. El propósito de la vida y la conciencia surgen del signo en el que se encuentra el Sol y se alteran en función de la ubicación de la Casa y de los aspectos del Sol con otros planetas. Aquellos que experimentan la energía que representa su posición solar tienen un propósito y siguen una dirección. Como energía diurna y de inhalación, es lo que somos cuando actuamos en el mundo, incluso si el signo en el que se encuentra es una energía nocturna o de exhalación. Por ejemplo, un Sol de Cáncer vivirá su vida con un propósito cuando esté cuidando y protegiendo a los demás. El Sol es el presente, el aquí y el ahora.

La Luna ☽

La Luna es la representación de tu alma o del núcleo más interno de tu ser. Es una energía nocturna o de exhalación, donde los sentimientos y las necesidades son primordiales. La Luna es una energía subconsciente que se muestra muy receptiva a todo lo que le rodea. Es la respuesta al estrés y representa lo que es necesario para lograr tanto la comodidad como la nutrición, así como tus hábitos y reacciones básicas.

La energía de la Luna en la carta es puramente instintiva, en la que se manifiestan las corazonadas. La forma en que actúas conscientemente en base a tu intuición y tus corazonadas se debe principalmente al Sol. La energía de la Luna es creativa, sentimental y adaptable, por lo que puede ser protectora o temperamental e irracional, pero la forma en que se manifiesta esta energía depende del signo y de la posición de la Luna. Una vez más, es importante saber la hora exacta de nacimiento para conocer la posición exacta de la Luna, particularmente porque la Luna es la energía que más rápido se mueve en la carta.

La fase de la Luna en la que naciste también ejerce cierta influencia. Una fase consiste en una relación angular o aspecto entre el Sol y la Luna en la carta. Resumiendo, si has nacido con el

Sol y la Luna en conjunción, has nacido bajo una fase de Luna nueva (diurna, inhalante y entre 0° y 45°), lo que sugiere que la persona en cuestión es alguien con iniciativa y quiere brillar con su luz en el mundo. La fase de cuarto creciente (noche, exhalación, 45-90°) corresponde a una persona que está aprendiendo a ser independiente y a desprenderse de viejos patrones. El primer cuarto de fase (día, inhalación, 90-135°) representa a una persona a la que le gusta emprender acciones y a la que le gustan los cambios. La fase de Luna gibosa creciente (noche, exhalación, 135-180°) se refiere a alguien con sed de conocimiento en su búsqueda de la verdad.

Las personas en fase de Luna llena (día, inhalación, 180-225°) llevan la luz del Sol iluminando sus sentimientos, de modo que suelen ser impulsivas e instintivas. La fase menguante o de diseminación (noche, exhalación, 225-270°) corresponde a alguien a quien le gusta compartir sus conocimientos y sabiduría con el mundo. Quien ha nacido bajo la fase de cuarto final (día, inhalación, 270-315°) por su parte, pertenece a una categoría de personas que se sienten algo desfasadas en relación con el mundo y necesitan desarrollar una relación con su propio yo intuitivo. La fase final, balsámica o fase menguante (exhalación, noche, 315-360°) representa a aquellas personas dotadas de una gran sensibilidad e intuición.

LOS CUATRO ÁNGULOS DE LA CARTA NATAL

Los cuatro ángulos de la carta están formados por la intersección de los ejes horizontal y vertical de la carta y se desarrollan en cuatro puntos: norte, sur, este y oeste. Se conocen como ascendente, descendente, Medium Coeli (MC) e Imum Coeli (IC).

El ascendente A^{sc} o signo de ascendencia

El ascendente es el signo y el grado situado en el horizonte oriental en el momento y lugar del nacimiento o al comienzo de cualquier acontecimiento.

El signo ascendente representa la parte de ti que presentas al mundo, tu «recepcionista», la que proyecta una determinada imagen cuando los demás te conocen. Es la capa exterior del ser conocida como la persona, descrita asimismo como la máscara que solo revela lo que se quiere ver inicialmente.

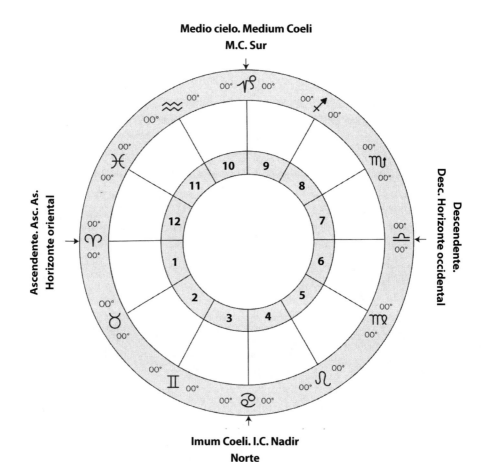

Medio cielo. Medium Coeli
M.C. Sur

Imum Coeli. I.C. Nadir
Norte

El ascendente también pone al descubierto gran parte del nacimiento y la infancia temprana de una persona y, como tal, el ascendente puede convertirse en un mecanismo de defensa durante los primeros años de vida, así como en situaciones difíciles. Pero, a medida que vamos cumpliendo años, tendemos a crecer dentro de nuestro ascendente y a vivirlo de una forma más proactiva. Así, por ejemplo, una persona con ascendente Capricornio puede mostrarse seria y reservada cuando es joven, pero a medida que envejece tenderá a relajarse.

El Medium Coeli (medio cielo)

El medio cielo, también conocido como Medium Coeli o MC, es el punto más alto de la carta y es, en la mayoría de los sistemas de Casas, la cúspide de la décima Casa. En el hemisferio norte representa el sur y en el hemisferio sur representa el norte.

El medio cielo es el lugar más público de la carta y representa la misión, la meta o la contribución en la vida. Aunque a menudo se considera que representa la carrera profesional, no siempre es así, aunque sí representa la naturaleza de la profesión que la persona debería seguir. Como lugar más público de la carta, representa asimismo la reputación pública y la posición social.

El descendente

El signo y el grado en el horizonte occidental en el momento del nacimiento es propia del descendente, que representa lo que te atrae de los demás y cómo te relacionas con otras personas importantes a lo largo de tu vida. El signo del descendente representa la energía de aquellos con los que procurarás relacionarte durante tu vida. Si tienes a Géminis en el descendente, por ejemplo, podrás disfrutar de las relaciones vertebradas en el intelecto y que, para ti, son muy divertidas. Esto no significa que sea necesariamente del signo solar Géminis, sino de alguien que tiene mucha energía de aire en su carta, incluido Géminis.

El Imum Coeli (nadir)

El nadir, también conocido como Imum Coeli o IC, se encuentra en la parte inferior de la carta y representa el norte en el hemisferio norte y el sur en el hemisferio sur. El nadir es la parte más privada de la carta astral y simboliza la vida interior, la más privada. El signo del nadir es la cúspide de la cuarta Casa en la mayoría de los sistemas de Casas y también representa a uno de los padres, normalmente aquel que estaba más volcado en la crianza.

Astrología evolutiva

En la mayoría de las tradiciones astrológicas occidentales modernas, la carta natal se considera un mapa del potencial evolutivo del alma y de su desarrollo. La carta también se conoce como horóscopo, mapa del alma, plano cósmico y carta natal.

Por lo tanto, este libro no contempla la carta natal como una mera descripción de la personalidad inmutable e inalterable a lo largo de la vida, sino como un proyecto rico en significado y posibilidades. Ese desarrollo se produce tanto por medio de los tránsitos y ciclos planetarios, como por el libre albedrío de la persona para seguir la llamada del desarrollo y la evolución. De esta forma se descartan muchas de las interpretaciones fatalistas de otras tradiciones astrológicas.

La astrología predictiva tiene cabida, desde luego. No pretendo en absoluto insinuar que este enfoque evolutivo sea el que más validez tiene. El enfoque evolutivo simplemente encaja con la naturaleza de este libro, ya que nos lleva a un enfoque no binario que funciona para todos. En otras palabras, hablamos tanto de la intención evolutiva del alma como de la evolución de la propia astrología.

La Casa de la infancia y la Casa que la persona en cuestión prefiere también están representadas por el nadir.

CÓMO CALCULAR LOS ASPECTOS

Los aspectos son la piedra angular de la interpretación moderna del horóscopo. Para saber más sobre los diferentes aspectos, consulta el capítulo 6 (véase la página 71).

Para calcular los aspectos, es necesario conocer el grado y el signo de los planetas, así como el número de grados entre ellos. Los grados y signos de los planetas, al igual que los de otros cuerpos, pueden averiguarse con ayuda de una efeméride, pero, por suerte, existen programas informáticos que lo hacen por nosotros (véase la página 85 para sugerencias).

PLANETAS EN SU DOMINIO

Si un planeta está en su signo natal, su fuerza se intensifica, al igual que lo hacen las cualidades del signo y del planeta, ya sean positivas o negativas.

Por ejemplo, Mercurio en Géminis proporcionaría un apetito más voraz por el aprendizaje y también sugeriría el carácter sociable de la persona, que depende de todos los demás factores de la carta.

PLANETA REGENTE

El planeta al que se le atribuye la regencia de la carta y de la persona o evento es el planeta que rige el signo del ascendente. El signo y la Casa en la que se encuentre este planeta modificarán la energía del ascendente. Por ejemplo, si alguien tiene el ascendente en Acuario y su planeta regente, Urano, está en Libra en la sexta Casa, entonces podría indicar que la persona tiene un modo de autoexpresión creativa único y hasta peculiar.

STELLIUM

Un *stellium* está compuesto por tres o más planetas en un signo concreto, lo que supone que la persona tendrá más peso en ese signo que si solo hubiera un planeta en el signo correspondiente. Como Mercurio y Venus se mueven con el Sol durante gran parte del año Solar, los *stellium* incluirán a menudo uno o incluso ambos planetas personales.

PLANETAS EN RECEPCIÓN MUTUA

Dos planetas están en recepción mutua cuando cada uno se encuentra en el signo que rige el otro. Cuando los planetas están en recepción mutua, están ligados aunque no haya ningún aspecto entre ellos. Los dos planetas se apoyan mutuamente, pero la calidad de ese respaldo depende de la fuerza de cada planeta en el signo de la carta por triplicidad, exaltación, detrimento o caída.

Por ejemplo, si Marte está en Sagitario y Júpiter en Aries, ambos planetas se encuentran en un signo de triplicidad de fuego y, por tanto, se apoyarán mutuamente.

ASTEROIDES Y QUIRÓN

En esta sección, analizaremos los cuatro asteroides principales y Quirón, si bien Ceres ha pasado a ser un planeta enano. Ceres es el único cuerpo del cinturón de asteroides que hasta ahora ha sido ascendido a planeta enano. Las definiciones astronómicas de los cuerpos cósmicos están evolucionando a raíz de los nuevos descubrimientos; estas nuevas definiciones se ajustan a un nuevo paradigma y permiten transformar el lenguaje de la astrología.

Quirón ⚷

Quirón es uno de los cuerpos más interesantes e inusuales de la astrología. En la mitología, Quirón era un centauro, pero se diferenciaba de los demás centauros, pues se trataba de criaturas bastante básicas. La mayoría de los centauros tenían una cabeza y un torso humanos, y la cola y las patas de un caballo, pero Quirón tenía patas delanteras humanas, lo que evidenciaba una cualidad más humana. Quirón era maestro, sanador y arquero, además de inmortal. Cuando fue herido por una flecha envenenada, su inmortalidad le hizo vivir en plena agonía hasta renunciar a ella para salvar a Prometeo.

A causa del mito, a Quirón se le conoce como el sanador herido en astrología y se cuenta que representa la herida en la carta. Sin embargo, si nos fijamos en el símbolo de Quirón, este tiene forma de llave. En combinación con la naturaleza del mito y la reputación de Quirón como maestro, mentor y sanador, lo más razonable es verlo como la llave de la sanación en tu carta. Quirón

también es conocido por ser el puente del arcoíris entre el espíritu y la materia, y el chamán inconformista.

Quirón no rige ningún signo, pero se asocia con las constelaciones de Centauro y Sagitario, y tiene muchas cualidades sagitarianas, aunque algunos asocian también al centauro con Virgo por sus capacidades curativas. La expresión enfermiza de Quirón implicaría centrarse en la herida más que en la curación potencial.

Alguien con Quirón en Acuario en la segunda Casa, por ejemplo, puede nacer con cierta propensión a sentirse ajeno ante los demás, y eso puede repercutir en la autoestima. Sin embargo, la búsqueda de una sabiduría superior, así como la comunión con todo el universo, le proporcionará a la persona una visión global del lugar que ocupa en la humanidad.

Ceres ⚳

Ceres es conocida como la Gran Madre, la diosa de la agricultura, y está asociada a los signos Cáncer, Virgo y Tauro. En la carta astrológica, Ceres representa la forma en que nos nutrimos y cómo satisfacemos nuestras propias necesidades, como muestra el signo en el que se encuentra Ceres. La colocación en la Casa muestra que tipo de experiencias serán de utilidad para fomentar los sentimientos de amor propio y autoaceptación. Esto equivale a tu propio lenguaje del amor.

Ceres también está relacionado con los ciclos naturales, como los del embarazo y el nacimiento, los ciclos de crecimiento, las estaciones y los hospicios.

Cuando vives la mejor expresión de tu Ceres, estás en sintonía con los ciclos naturales de la naturaleza y de tu cuerpo, a la vez que honras tu propio lenguaje del amor.

Así pues, una persona con Ceres en Capricornio en la primera Casa experimenta un incremento de la autoestima cuando logra alcanzar sus objetivos personales y cuando ayuda a los demás a ser responsables de sí mismos, pero también es posible que se identifique en exceso con la responsabilidad de enseñar a los demás y con la necesidad de impresionar al resto. Si se centran más en sus logros internos y menos en la necesidad de controlar la forma en que los demás se responsabilizan, estarán exprimiendo las cualidades superiores de su Ceres.

Leo y Acuario. Palas Atenea es la representación más fiel de la capacidad de sabiduría creativa y el pensamiento original, que crea nuevas posibilidades. En la carta, representa la visión inspirada y la habilidad para dar sentido a patrones complejos. Los astrólogos suelen encontrarse con un posicionamiento muy marcado de Palas Atenea, por lo que se le conoce como «el asteroide del astrólogo». Yo tengo a Palas Atenea exactamente en conjunción con mi planeta regente, Júpiter. Palas Atenea también destaca por el deseo del alma de evolucionar hacia un mundo menos binario e ir más allá de la androginia, por lo que me parece muy apropiado escribir un libro que trascienda el mundo binario que ha dominado la astrología. Mi Palas Atenea no solo rige mi signo ascendente de Sagitario, sino que también se encuentra en Sagitario en conjunción con el regente de Sagitario: el maestro.

El lugar en el que se encuentra tu Palas Atenea, por signo y Casa, indicará dónde y cómo eres capaz de emplear la inteligencia creativa.

Palas Atenea ♀

Palas Atenea es la diosa de la sabiduría y una guerrera cuyo glifo astrológico representa la lanza guerrera de la justicia en su papel de protectora del Estado. Está asociada a los signos de Libra,

Vesta ⚶

Vesta es la llama eterna que arde dentro de cada uno de nosotros. En la mitología, era la sacerdotisa de la llama y diosa de las vírgenes vestales, y se la vincula con los signos Virgo y

Escorpio. Recordemos que el significado original de la palabra «virgen» consistía en «alguien que es íntegro en sí mismo», lo que nos da una pista muy importante de la simbología de Vesta en la astrología.

Vesta representa la concentración y el compromiso. El lugar en el que se encuentra el asteroide, según el signo y la Casa, refleja dónde focalizamos nuestras energías o a qué nos dedicamos. Una expresión poco saludable puede insinuar fanatismo y obsesión en lugar de concentración.

Si alguien tuviera Vesta en Escorpio en la décima Casa, por ejemplo, podría estar muy centrado en su misión en la vida y tendería a comprometerse más de lo debido con ella, excluyendo muchas veces sus relaciones personales, especialmente si no es consciente de esa propensión.

Juno ⚵

Juno era la consorte divina, esposa de Júpiter (Hera en la mitología griega). En astrología, el asteroide Juno representa nuestra capacidad para establecer relaciones significativas y se asocia con los signos de Libra (relaciones significativas) y Escorpio (relaciones con vínculos estrechos). El signo de Libra también está asociado a la justicia y, como tal, Juno también actúa como garante de los oprimidos y desfavorecidos.

El lugar en el que se encuentra Juno en las colocaciones de los signos y las Casas representa lo que más se desea en una relación. En Sagitario y en la undécima Casa, por ejemplo, necesitarás compartir tus creencias y tu visión del futuro, y que tu pareja no solo sea tu amante, sino también tu amigo.

Capítulo 10
Una mirada más atenta

En este capítulo, profundizaremos en algunos de los aspectos más sutiles de la interpretación de la carta natal. Entre ellos se incluyen factores a considerar como el énfasis de los hemisferios, los nodos de la Luna, la parte de la Fortuna, los planetas retrógrados, los signos interceptados y los tránsitos. De todos ellos, los dos primeros son los más importantes en la interpretación de la carta natal. Los tránsitos son una técnica de predicción que solo es posible abordar en el ámbito de este libro.

ÉNFASIS EN LOS HEMISFERIOS

La carta astral está dividida en cuatro hemisferios separados por el horizonte, o eje horizontal, y el meridiano, o eje vertical. A continuación, abordaremos los cuatro hemisferios y lo que implica el énfasis de los planetas y otros cuerpos esenciales en cada hemisferio.

Hemisferio sur

El hemisferio sur corresponde a la mitad superior de la carta, generalmente más extrovertida y objetiva, y representa la energía diurna o de inhalación.

Aquellos que tienen un mayor número de cuerpos planetarios en este hemisferio son propensos a llevar una vida consciente y volcada en los acontecimientos, por lo que es probable que la interacción con el mundo exterior los llene de energía.

El énfasis en la Casa debe combinarse con el énfasis en el hemisferio, puesto que las cualidades extrovertidas de la carta serán más evidentes si la mayoría de los planetas están en las Casas séptima, novena, décima y undécima, y menos marcadas si hay una concentración de planetas en las Casas octava y duodécima, dado que estas dos Casas son esferas muy privadas de la vida que tienen energía nocturna o de exhalación y están regidas por signos de agua, lo que significa que son más introvertidas que las otras Casas.

Hemisferio norte

La mitad inferior de la carta astral corresponde al hemisferio norte. El hecho de que los planetas se agrupen aquí es sinónimo de noche, de energía exhalante y de una naturaleza más introvertida. Estamos ante una persona más subjetiva y centrada en sí misma, con una vida más intuitiva y receptiva.

Probablemente a esta persona le guste la soledad y necesite de un tiempo a solas para llenarse de energía. De la misma manera, pasar demasiado tiempo rodeado de otras personas le resultará agotador.

Una concentración en la primera y la quinta Casa atenuará levemente estas cualidades, ya que estas dos Casas son más extrovertidas.

Hemisferio oriental

En la carta astrológica, el hemisferio oriental corresponde al lado izquierdo de la carta; aquí se hace hincapié en la energía diurna y en la inhalación. Una persona cuya concentración de planetas se encuentra aquí se caracteriza por su autodeterminación, su capacidad para alcanzar objetivos y su intencionalidad. Estos individuos son más susceptibles de utilizar su propia fuerza de voluntad para escoger y construir conscientemente su propia realidad. Suelen percibirse como voluntariosos y menos dados a trabajar de forma colaborativa con los demás.

Hemisferio occidental

El hemisferio occidental es la parte derecha de la carta astral. Es la energía nocturna, de exhalación, en la cual es más factible que nos rindamos ante la voluntad de los demás y ante fuerzas más allá del ámbito consciente. Este tipo de personas son más colaboradoras y cooperativas por naturaleza, pero también son más propensas a dejarse llevar por la presión de sus compañeros.

Al ser del tipo de personas que se dejan llevar por la corriente, les resulta más fácil cambiar de rumbo incluso habiendo escogido conscientemente un determinado camino.

LOS NODOS DE LA LUNA: NORTE ☊ Y ☋ SUR

Los nodos de la Luna son los dos vértices en los que la órbita de la Luna se cruza con la eclíptica. El nodo norte es donde la Luna cruza la eclíptica en dirección norte desde nuestra perspectiva y el nodo sur es donde la Luna cruza en dirección sur. Los dos nodos lunares son siempre opuestos.

En la mayoría de las interpretaciones astrológicas, los nodos de la Luna representan un camino de desarrollo para el alma en cada momento de la vida, con el nodo sur representando el pasado y por su parte el norte, el futuro. Conocidos también como la cola del dragón (nodo sur) y la cabeza del dragón (nodo norte), constituyen asimismo nuestras reacciones emocionales por defecto, o el hábito del alma, así como el potencial del alma o los hábitos hacia los que dirigirnos de forma consciente. Forman un continuo de desarrollo, en el que ni el nodo sur es totalmente malo ni el nodo norte es completamente bueno. Veamos un breve resumen del significado de los nodos:

Nodo norte en la primera Casa o Aries

Desarrolla la independencia, la valentía, la espontaneidad y la autoconciencia.

Nodo norte en la segunda Casa o Tauro

Desarrollo de valores sólidos, autoestima, conexión con la tierra y los sentidos, paciencia y lealtad.

Nodo norte en la tercera Casa o Géminis

Desarrollo de la curiosidad, la capacidad de escuchar, la receptividad a nuevas ideas y otras perspectivas, y el tacto.

Nodo norte en la cuarta Casa o Cáncer

Desarrollo de la empatía, la capacidad de reconocer y validar los sentimientos, la humildad y la conciencia, y la aceptación de los sentimientos y estados de ánimo de los demás.

Nodo norte en la quinta Casa o Leo

Desarrollo de la confianza en sí mismo, expresión creativa, la voluntad de diferenciarse y el sentido de la diversión y el juego.

Nodo norte en la sexta Casa o Virgo

Desarrollo del sentido del servicio, mayor atención a las tareas rutinarias y a los detalles, moderación y acción compasiva.

Nodo norte en séptima Casa o Libra

Desarrollo de la capacidad de colaboración, diplomacia, sensibilización a las necesidades de los demás y a la forma de vivir y trabajar con otros, y compartir.

Nodo norte en la octava Casa o Escorpio

Desarrollo de un apego menor al valor material, conciencia de los deseos y razones psicológicas de los demás, así como compartir las dinámicas de poder.

Nodo norte en la novena Casa o Sagitario

Desarrollo de la conciencia y de la confianza en la intuición o en la orientación del origen, el sentido de la aventura y de la confianza en sí mismo, y la percepción de la conciencia superior.

Nodo norte en décima Casa o Capricornio

Desarrollo del autocontrol y el respeto, asumiendo el rol más maduro en las situaciones, la responsabilidad y la dependencia de sí mismo. Nodo norte en la undécima Casa o Acuario: Desarrollo de la autoaprobación y la predisposición a compartir ideas ingeniosas y poco convencionales, la capacidad de trabajar en grupo y de conectar con la humanidad de una manera igualitaria y solidaria, y la capacidad de conectar con personas de ideas afines.

Nodo norte en duodécima Casa o Piscis

Desarrollo de la compasión, la confianza y la entrega a los orígenes o al principio de creación colectiva, el amor incondicional y un camino de espiritualidad y prácticas de autorreflexión.

Nodo sur en la primera Casa o Aries

Trabaja para disminuir el arraigo a los hábitos de impulsividad, egoísmo insano, problemas de ira y exceso de asertividad.

Nodo sur en la segunda Casa o Tauro

Trabaja para disminuir las tendencias de obstinación, la resistencia al cambio, el apego desmedido a la propiedad y a la acumulación de posesiones materiales, comer en exceso y otros comportamientos abusivos.

Nodo sur en la tercera Casa o Géminis

Trabaja para atenuar el impacto de la indecisión, la creencia según la cual siempre necesitas tener más datos o estudiar más a fondo la situación antes de actuar, ignorando la intuición y confiando en las opiniones e ideas de los demás por encima de las tuyas.

Nodo sur en la cuarta Casa o Cáncer

Trabaja para disminuir la dependencia de los demás, la inseguridad, el uso manipulador de las emociones, la evasión del riesgo y el apego desmesurado a los miedos y a la seguridad.

Nodo sur en la quinta Casa o Leo

Trabaja para minimizar la necesidad de adulación y aprobación de los demás, el sentido de derecho, la tendencia a asumir riesgos y el melodrama.

Nodo sur en la sexta Casa o Virgo

Trabaja para mitigar la tendencia a darse hasta el punto de sacrificarse, las dificultades para recibir de los demás, la parálisis por análisis, la ansiedad y la preocupación, y la crítica excesiva.

Nodo sur en la séptima Casa o Libra

Trabaja para reducir los hábitos de abnegación, de hacerse el simpático en detrimento de uno mismo y de los demás, de codependencia y de ser capaz de verse a sí mismo solo a través de los ojos de los demás.

Nodo sur en la octava Casa o Escorpio

Trabaja para menguar los hábitos obsesivos o compulsivos, la preocupación por las motivaciones y acciones del resto, la hiperreactividad e irritación respecto a los demás y la inclinación por las situaciones de crisis.

Nodo sur en la novena Casa o Sagitario

Trabaja para disminuir los hábitos del dogmatismo y la justicia por cuenta propia, no escuchar lo que los demás dicen realmente, hablar sin tener en cuenta a los otros y pronunciarse antes de pensar en las cosas.

Nodo sur en la décima Casa o Capricornio

Trabaja para rebajar la necesidad de tener el control y la responsabilidad sobre todo y todos, la necesidad de aparentar ser fuerte en todo momento y el estar demasiado centrado en los objetivos.

Nodo sur en la undécima Casa o Acuario

Trabaja para minimizar el hábito de desvincularse de las situaciones emocionales y parecer frío, evitando la confrontación, y tendiendo a adaptarse a la multitud para sentir que se le acepta y que encaja en lugar de abrazar su individualidad.

Nodo sur en la duodécima Casa o Piscis

Trabaja para disminuir la hipersensibilidad y el papel de víctima, la tendencia a retraerse y rendirse fácilmente, la evasión extrema y la elusión del mundo «real», así como las dudas sobre sí mismo.

LA PARTE DE LA FORTUNA

La parte, o lote, de la Fortuna es un punto calculado en base a las longitudes del Sol, la Luna y el ascendente, una técnica comúnmente utilizada en la astrología antigua. Actualmente, con el resurgimiento de la astrología helenística,

Datos del nodo lunar: eclipses y grupos de almas

Cuando una Luna nueva o llena se produce cerca de los nodos lunares, desde nuestra perspectiva, se producen eclipses.

Un eclipse lunar (de Luna llena) tiene lugar cuando la Tierra se sitúa entre el Sol y la Luna y en un radio de 11º 38′ de cualquiera de los nodos lunares. Un eclipse solar (de Luna nueva) surge cuando la Luna se sitúa entre la Tierra y el Sol a 17º 25′ de cualquiera de los nodos lunares. Cuanto más cercano sea el aspecto del grado a los nodos, mayor será la plenitud del eclipse. Los nodos lunares se mantienen en dos signos del zodiaco —el nodo sur en un signo y el nodo norte en el signo opuesto o de polaridad— durante un año y medio aproximadamente. Todos los eclipses que se produzcan durante ese periodo se producirán en uno de los dos signos.

Cualquier persona que haya nacido durante ese periodo compartirá los mismos nodos y, dado que los nodos representan un camino de desarrollo del alma, se dice que tales personas pertenecen al mismo grupo anímico.

El ciclo de los nodos lunares es de aproximadamente 18,5 años, por lo que aquellos que hayan nacido en torno a 18,5 años después de nosotros pertenecerán a ese mismo grupo. Los nacidos unos 9 años antes o después de nosotros representan a nuestros opuestos nodales y solemos sentir una fuerte atracción por esas personas, en la medida en que nos ayudan a desarrollar los rasgos propios del nodo norte.

se está recuperando. Es una de las muchas técnicas árabes o griegas, si bien se trata de la más conocida y utilizada. La parte de la Fortuna se puede calcular mediante la mayoría de los programas informáticos de astrología.

La parte de la Fortuna se calcula con el siguiente método: en una carta diurna, cuyo Sol se encuentra en el hemisferio sur o por encima del horizonte, la parte de la Fortuna se encuentra donde estaría la Luna si el Sol estuviera en el ascendente. En una carta nocturna, en la que el Sol se encuentra en el hemisferio norte o bajo el horizonte, la parte de la Fortuna se sitúa donde estaría el Sol si la Luna se encontrase en el ascendente. En ambos casos, se cuenta el número de grados entre el Sol y la Luna y se computa esa misma distancia en el sentido de las agujas del reloj o en sentido contrario, dependiendo de los lugares de la carta natal desde el ascendente, para encontrar la posición de la parte de la Fortuna.

La parte de la Fortuna indica generalmente lo que su nombre sugiere y revela dónde se puede encontrar la suerte y con qué facilidad se encuentra la abundancia o la riqueza. El signo y la Casa en la que se ubica la parte de la Fortuna indican la zona en la que se encuentra la fortuna. Por ejemplo, una parte de la Fortuna en Géminis en la sexta Casa podría representar la fortuna al hablar o escribir, especialmente si se hace con un enfoque para servir a los demás.

PLANETAS RETRÓGRADOS

Se dice que un planeta es retrógrado cuando, desde nuestra perspectiva terrestre, parece ir hacia atrás. En realidad, ningún planeta retrocede; el movimiento retrógrado se debe a una variación relativa de la velocidad cuando los planetas están en su punto más cercano a la Tierra. Cuando un planeta está más alejado de la Tierra, da la impresión de moverse en sentido directo o hacia adelante. De hecho, todos los planetas de nuestro sistema solar giran alrededor del Sol, por lo que esta anomalía se manifiesta desde nuestra perspectiva a causa de nuestras órbitas relativas.

Los días en los que un planeta parece detenerse y volverse retrógrado, o dirigirse directamente hacia el final del período retrógrado, reciben el nombre de estaciones. El Sol y la Luna nunca parecen estar retrógrados. Los demás planetas sí están retrógrados y Mercurio suele estarlo entre tres y cuatro veces al año. En una carta astrológica, un planeta retrógrado tendrá un texto en rojo o una r junto a él. Por su parte, los planetas estacionarios tienen una s al lado. Los periodos retrógrados son más intensos en el periodo previo y unos días después de la fecha prevista para la estación.

El impacto de la aparente retrogradación se debe a su proximidad a la Tierra y al hecho de que el planeta parece retroceder una zona del zodiaco desde nuestra óptica, lo que agudiza su energía. El desvío del camino a través de una zona del zodiaco nos conduce a un viaje más interno o nocturno, o bien nos invita a exhalar y liberar algunas de las lecciones que nos dejó el período en el que el planeta estaba en posición directa.

Cuando una carta natal tiene planetas retrógrados, lo más probable es que te sientas un poco fuera de tono con lo que se considera la norma en la socie-

dad en ese ámbito de la vida: caminas al ritmo de tu propio tambor. También es un área en la que te centras más en tu interior. Esto se incrementa cuando el planeta retrógrado es un planeta personal, como Mercurio, Venus o Marte. Si Júpiter o Saturno están retrógrados, es posible que la persona se sienta de algún modo ajena a la cultura dominante. Si un planeta exterior —Neptuno, Urano o Plutón— está retrógrado, la persona puede sentirse desfasada respecto a

Explicación de los retrógrados

Todos los planetas tienen períodos retrógrados. Sin embargo, el Sol y la Luna no se comportan nunca de forma retrógrada. Todos los planetas aparecen retrógrados durante distintos periodos y con diferente regularidad, lo que se denomina periodo sinódico.

◇ **Mercurio** se muestra retrógrado tres y, a veces, incluso cuatro veces al año, y está retrógrado durante 21 días cada 3,8 meses.

◇ **Venus,** por su parte, parece estar retrógrado durante unos 21 días cada 19,2 meses.

◇ **Marte** se muestra retrógrado durante unos 72 días cada 25,6 meses.

◇ **Júpiter** parece mostrarse retrógrado durante unos 121 días cada 13,1 meses.

◇ **Saturno** se retrotrae durante unos 138 días cada 12,4 meses.

◇ **Urano** está retrógrado unos 151 días cada 12,15 meses.

◇ **Neptuno** parece mostrarse retrógrado durante unos 158 días cada 12,07 meses.

◇ **Plutón** se manifiesta de forma retrógrada durante unos 150 días cada 12,3 meses.

su generación de alguna manera. No es habitual tener más de tres retrógrados en una carta natal, pero si una persona los tiene, podrá sentirse completamente discordante con el mundo en el que ha nacido y probablemente se trate de un ser verdaderamente único.

SIGNOS INTERCEPTADOS

Los signos interceptados se dan cuando se utilizan sistemas de Casas desiguales, como los de Plácidus, Porfirio o Koch (véase la página 83), los cuales constituyen sistemas de Casas basados en el tiempo: la primera Casa parte del grado real del ascendente y los tamaños de las Casas son diferentes, puesto que se calculan dividiendo el espacio alrededor de la eclíptica por procedimientos distintos. En estos sistemas de Casas, la diferencia de tamaño es mayor cuanto más lejos del ecuador haya nacido la persona. La mayoría de los astrólogos occidentales contemporáneos utilizan sistemas de Casas basados en el tiempo.

Las Casas opuestas tienen siempre el mismo tamaño, por lo que siempre habrá como mínimo dos signos interceptados, si es que los hay. Esto también supone que el mismo signo regirá la cúspide de dos Casas.

Los astrólogos que adoptan técnicas más tradicionales suelen utilizar sistemas basados en el espacio, como los sistemas de signos enteros o de Casas iguales, en los que las Casas se dividen equitativamente por 30°.

Cuando un signo se intercepta en la carta natal, resulta más difícil que la persona alcance la energía de ese signo, por lo que representará una serie de bloqueos en los que le resultó difícil desplegar esa parte de sí misma durante sus primeros años de vida, de modo que tendrá que aprender a desarrollarla de forma consciente. Observar la colocación y los aspectos del planeta regente del signo interceptado puede contribuir a que aprendas a acceder a esa faceta de la carta.

TRÁNSITOS ASTROLÓGICOS

Los tránsitos son un medio para interpretar el movimiento continuo de los cuerpos planetarios en relación con la carta natal. Un planeta en tránsito puede afectar a un planeta natal por cualquiera de sus aspectos y constituyen una forma de predecir las tendencias y el desarrollo personal. La interpretación de un tránsito implica mezclar las claves del planeta en tránsito por signo y Casa con el planeta o punto transitado en la carta por signo y Casa.

Una de las formas más relevantes de ver los tránsitos es observar los retornos planetarios. Eso se traduce en el retorno del planeta al mismo punto en el que se encontraba en la carta natal, lo cual solo suele ocurrir con los planetas hasta Urano, ya que Neptuno tiene un ciclo de 164 años y Plutón de 248 años.

Los retornos lunares tienen lugar cada 28 días y los solares cada 365 días. Una carta de retorno puede elaborarse para cualquier retorno planetario y designa el desarrollo y el enfoque de la persona para el siguiente ciclo de ese planeta.

La carta de retorno más utilizada es la carta de la revolución solar. Se traza para el momento en que el Sol vuelve al grado y al minuto en que se encontraba en la carta natal. Los astrólogos discrepan en cuanto a si se debe utilizar el lugar natal de nacimiento o el lugar actual; yo personalmente prefiero recurrir al natal. La carta de la revolución solar se lee como la carta natal, pero se centra únicamente en el año siguiente. Por lo tanto, la carta es un instrumento indicador de lo que te deparará el próximo año solar y dónde estará tu foco de atención.

Uno de los retornos más conocidos es el de Saturno, que se produce en torno a los 29, 58 y 87 años, e indica períodos de maduración o etapas vitales importantes.

Ahora que ya hemos profundizado en el análisis de la carta, vamos a centrarnos en tu vocación, para que puedas hacerte una idea de las carreras que mejor encajan con cada signo del zodiaco.

SIGNOS SOLARES EN EL TRABAJO
Y EN EL AMOR

En la tercera parte, veremos los 12 signos solares tanto en el plano laboral como en el amor, para darte algunas ideas sobre posibles salidas profesionales y sobre la compatibilidad de cada signo con los demás.

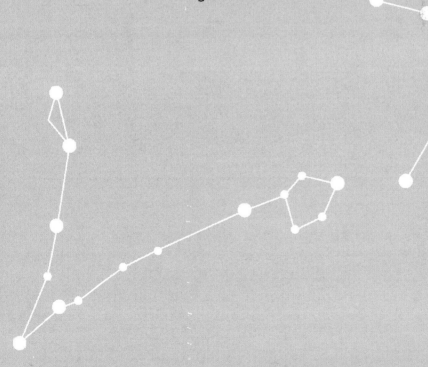

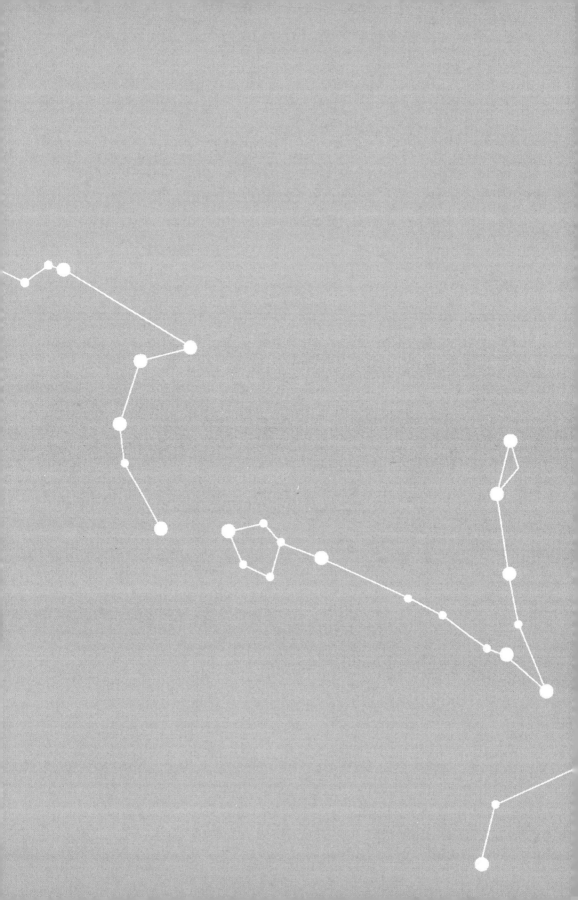

Capítulo 11
Tu vocación según el zodiaco

La carta astral puede servir de guía para identificar el tipo de trabajo más gratificante y el que mejor se adapta al talento y a las capacidades específicas de la persona. No obstante, no puede determinar con exactitud el camino profesional que se debe seguir, con lo cual es mejor interpretarla como fuente de posibilidades.

En este capítulo analizaremos las carreras idóneas y los perfiles personales que se relacionan con esas carreras para cada signo del zodiaco. Se propondrán distintas carreras para cada signo, pero, por favor, utilízalas a modo de trampolín hacia otras posibilidades. En este sentido, se puede sugerir la profesión de fotógrafo en función de los indicadores de carrera de la carta, como el medio cielo de Géminis, pero si la carta tiene también un énfasis muy marcado en la octava Casa, es posible que la persona se sienta atraída por la fotografía sensual dada su temática intrínseca y los desafíos para el alma que plantea ese estilo de fotografía.

Para tener una visión clara de la profesión más adecuada para ti, debes ir un paso más allá de tu signo solar; te aconsejo que te fijes en el signo del medio cielo o en la cúspide de la décima Casa de la carta natal, y que a continuación observes el signo y la posición en la Casa del regente de ese signo para poder tener una imagen más clara del tipo de trabajo que mejor se adapta a ti. En una interpretación más exhaustiva se examinaría también la sexta Casa, para ver qué tipo de trabajo cotidiano se adecuaría mejor a tu personalidad, junto con el énfasis en el elemento y la modalidad, los *stellium* en un signo y los aspectos. Por tanto, hay que considerar toda la carta en su conjunto para poder llevar a cabo un análisis vocacional en profundidad. En esta línea, daré ejemplos de personas famosas de signo solar, aunque somos más que nuestro signo solar por sí solo, así que, por favor, ten todo lo anterior en cuenta al interpretar tu propia carta.

ARIES EN EL TRABAJO

Aries se adapta mejor a aquellas profesiones en las que asume el liderazgo o trabaja de forma independiente, preferiblemente emprendiendo nuevos proyectos con otras personas en las que puede delegar para terminar lo que ha empezado. A los Aries les gustan los entornos dinámicos y competitivos en los que su entusiasmo innato no se ve mermado. Los Aries suelen ser audaces y están dispuestos a aceptar cualquier reto, a asumir riesgos y a tener una actitud sin rodeos. Son intrépidos y directos.

Bombero, cirujano, técnico de emergencias sanitarias, director artístico, profesional de las relaciones públicas, militar o agente de la ley, empresario, capitalista de riesgo, escalador independiente, guía turístico, instructor de CrossFit o entrenador deportivo, atleta, escultor de metales, mecánico, cazador, platero u otro tipo de orfebrería y cocinero serían algunas de las profesiones idóneas para un Aries.

El jefe Aries puede ser inspirador, enérgico y un líder nato. No te quedará ninguna duda de lo que opina el jefe sobre tu trabajo, ya sea con el mayor de los elogios o con la crítica más grosera y directa. No hay reivindicación que valga; el jefe de Aries es directo hasta la saciedad. Al jefe de Aries no le gusta pensar demasiado y espera que todos pongan mucho empeño en su trabajo y terminen los proyectos rápidamente. También disfruta de la admiración y el respeto, pero es capaz de detectar cualquier adulación fingida de inmediato.

Los empleados de Aries pueden ser los más trabajadores y dinámicos si no intentas someterlos a una rutina rígida o tenerlos atados a una mesa de trabajo. Si tus empleados de Aries se aburren, lo más probable es que se vayan. Trabajan mejor cuando se les da autonomía y rinden cuentas al menor número de personas posible. Si se les da la libertad de hacerse cargo de su propio horario y forma de trabajar, serán los empleados más productivos y dinámicos.

El compañero de trabajo Aries no es precisamente el mejor trabajando en equipo, a menos que se le permita tomar la iniciativa y hacer lo suyo. Son competitivos y les gusta ser los primeros, así que no reaccionarán bien si sus compañeros se abren camino antes que ellos. Sin embargo, si les dejas liderar, pueden llegar a estar llenos de entusiasmo y resultar muy inspiradores.

Personas conocidas de Aries

Lady Gaga, Elton John, Tommy Hilfiger y Jackie Chan nacieron bajo el signo de Aries.

TAURO EN EL TRABAJO

Los Tauro se adaptan mejor a las profesiones que les proporcionan estabilidad y seguridad. Los Tauro son leales y tenaces, pero también pueden ser tercos y pesados. Además, aman las cosas buenas de la vida: la buena comida, los entornos bonitos y confortables y la naturaleza.

Los Tauro adoran todo lo tangible y, por lo tanto, disfrutan trabajando con lo material. Es decir, cosas que pueden tocar, ver, oler, oír y saborear.

Las mejores salidas profesionales para Tauro son las de banquero, cajero, agente financiero, gestor hipotecario, cantante, agricultor, profesional inmobiliario, diseñador de interiores, podólogo, reflexólogo, florista, jardinero, paisajista, joyero, bloguero de belleza, embajador de marcas, bodeguero, chef, fotógrafo paisajista, asistente ejecutivo y director de restaurante.

Los signos astrológicos de las personas ricas y famosas

Leyendo la lista de los 100 artistas mejor pagados de Forbes en 2018, resulta gracioso cuanto menos ver qué signos combinan mejor el talento y la capacidad de generar riqueza.

Las celebridades de Tauro encabezan la lista con el 12,68% de los 100 mejor pagados que nacieron al amparo de este signo. No es de extrañar, puesto que los nativos de Tauro suelen ser hábiles en la construcción de riqueza. George Clooney, Dwayne «La Roca» Johnson y Jerry Seinfeld están incluidos en esta lista.

Los sagitarianos son la categoría de artistas con menos probabilidades de figurar en la lista, con solo 2,7 por ciento en el top 100. Los sagitarianos tienden a valorar más la experiencia que el dinero, y puede que por este motivo haya un número menor en la lista. Scarlett Johansson y Jay-Z son dos de los sagitarios de la lista.

En la lista Forbes de multimillonarios, había 27 libranos encabezando la lista. Los Libra suelen ser bastante buenos en los negocios. Ralph Lauren y Alice Walton ocupan este lugar. Sorprendentemente, ya que Capricornio es generalmente un signo ambicioso y trabajador, solo ocho multimillonarios nacieron bajo el signo de Capricornio. Jeff Bezos es uno de los que aparece en esta lista.

El jefe Tauro es todo un constructor y se empeñará en ampliar y hacer crecer cualquier negocio o campo en el que trabaje. Es probablemente el jefe más paciente de todos y disfruta de un entorno armonioso y pacífico. Por eso, no suelen mostrarse reactivos frente a cuestiones menores. Sin embargo, los asuntos realmente importantes pueden transformar a Tauro en un toro furioso, aunque el jefe Tauro suele dar al empleado la oportunidad de rectificar sus errores antes de perder la calma. Como al jefe Tauro le gusta la solidez y los resultados estables, normalmente será tolerante con quienes necesiten más tiempo para hacer algo bien, en vez de exigir que se termine con prisas. Adoran a los empleados disciplinados y cuidadosos.

El empleado del signo Tauro es fiable, inquebrantable y digno de confianza. Tiene una presencia tranquilizadora en el lugar de trabajo y no se deja desconcertar por una situación de crisis, de hecho, una crisis puede sacar lo mejor de ellos, puesto que se enfrentan a la situación con calma.

El compañero de trabajo Tauro es también una persona con la que resulta agradable estar, pero su ritmo pausado puede frustrar a quienes se mueven más rápido, al igual que su resistencia al cambio. A pesar de ello, es probable que lleven buenos aperitivos al trabajo, así que, si quieres darte un capricho, será una buena ocasión para estar con ellos. Tienen una gran capacidad para ayudar a los autodidactas a terminar sus proyectos.

Personas conocidas de Tauro

George Clooney, Stevie Wonder, Dwayne «La Roca» Johnson, Kenan Thompson, Sam Smith y Kristen Stewart han nacido bajo el signo de Tauro.

GÉMINIS EN EL TRABAJO

La naturaleza locuaz, curiosa y cambiante de Géminis supone que se adapten mejor a aquellas profesiones en las que dispongan de muchas oportunidades para seguir aprendiendo cosas nuevas y conocer a mucha gente. No son amigos de la rutina ni de pasar demasiado tiempo inactivos. Los Géminis son persuasivos, suelen ser buenos oradores, son joviales y les encanta la multitarea. Disfrutan de los entornos dinámicos.

Las profesiones que encajan con los Géminis son las de científico, publicista, periodista, escritor, profesor, contable, programador informático, ingeniero, jefe de proyecto, analista de medios de comunicación, técnico de comunicación, intérprete, transportista, conductor, narrador, animador, presentador de radio o podcast, bloguero, fotógrafo, tutor, guía, asistente personal, comercial o presentador de televisión.

Puede que sea complicado trabajar con un jefe Géminis dada su naturaleza inquieta e imprevisible. Estará constantemente en movimiento. Trabajan mucho mejor si se delegan en ellos todas las tareas rutinarias y se les deja a cargo de ideas, proyectos y proyectos abstractos. El cambio es una constante para el jefe Géminis y suele percatarse de todo lo que ocurre.

Sin embargo, los jefes Géminis son muy simpáticos, puesto que tienen un gran sentido del humor y son muy sociables, aunque por lo general son bastante distantes emocionalmente y no querrán involucrarse demasiado en los dramas emocionales de los empleados. Para los empleados más tranquilos, trabajar para un jefe Géminis puede resultar muy confuso, pero no son ellos los confundidos. Si eres capaz de convivir con el cambio y el ritmo rápido, te lo pasarás bien con este jefe.

A un empleado de Géminis no le gusta que lo encorseten de ninguna manera y se alterará mucho si se siente acorralado, lo que lo hará ineficaz. Aunque pueda parecer que está despistado, en realidad se empapa de información y consigue hacer el trabajo. En especial, si se aprovechan sus habilidades innatas. También es probable que negocien aumentos de sueldo con facilidad, puesto que siempre tienen un buen argumento para justificar que se lo merecen.

Como compañero de trabajo, Géminis es muy divertido, pero distrae mucho, pues su mente va de un lado a otro continuamente. Hablarán sin parar con todos los compañeros de trabajo, pero serán el alma del lugar y seguramente se encargarán de organizar fiestas o eventos laborales.

Personas conocidas de Géminis

Marilyn Monroe, Paul McCartney, Harvey Milk, Venus Williams, Aung San Suu Kyi, Laverne Cox y Boy George nacieron bajo el signo de Géminis.

CÁNCER EN EL TRABAJO

Los individuos de Cáncer son personas con capacidad de adaptación y una presencia enriquecedora. Se adaptan mejor a las carreras que comportan el cuidado de las personas o del hogar de alguna manera. Además, son tradicionales y les encanta todo lo relacionado con el legado y los sentimientos. La conexión emocional con su trabajo es importante, ya que, de lo contrario, es probable que se muestren susceptibles a los sentimientos e incluso a la irracionalidad. Suelen ser hábiles con las finanzas.

Algunas de las mejores profesiones para Cáncer pueden ser las de enfermero, pediatra o ginecólogo, asesor, gerente de negocios, administrador de viviendas, agente inmobiliario, arqueólogo, historiador, proveedor de alimentos, panadero, nutricionista, dietista, especialista en organización de empresas, experto en feng shui, profesor, cocinero, gestor de contenidos, responsable de marca, diseñador de páginas web, trabajador social o comerciante.

Los jefes de signo Cáncer son estrictos en cuanto a la ética del trabajo y muy comprometidos con la profesión o el negocio al que se dedican. Los empleados serán premiados por su buen esfuerzo en el trabajo, pero los descuidos o la falta de puntualidad no estarán bien vistos. La necesidad de seguridad financiera de los Cáncer convierte el lugar de trabajo en un escenario en el que prima la seriedad, por lo que, si tienes un jefe Cáncer, lo mejor será adoptar una postura cuidadosa y honesta en todo lo que hagas.

Los empleados de Cáncer trabajan principalmente para conseguir una seguridad financiera y, por lo tanto, se toman muy en serio su carrera y son muy diligentes. Esperan que su diligencia se vea premiada con aumentos de sueldo considerables y, si es así, permanecerán en ese puesto de trabajo durante mucho tiempo. Cáncer tratará de ascender en el escalafón. El mayor inconveniente es que, si un Cáncer tiene algún conflic-

to sentimental en su vida, le resultará difícil dejarlo al margen del entorno de trabajo.

Los compañeros de trabajo de signo Cáncer son personas que trabajan en equipo con naturalidad y suelen ser amables y cariñosos con aquellos con quienes trabajan. No obstante, necesitan que el ambiente de trabajo no sea estresante: si las cosas se vuelven caóticas, sus emociones también lo serán.

Personas conocidas de Cáncer

Nelson Mandela, Malala Yousafzai, George Michael, Missy Elliott, Michael Flatley y Danny Glover nacieron bajo el signo de Cáncer.

LEO EN EL TRABAJO

A Leo le encanta ser el centro de atención y es considerado el rey del zodiaco, o al menos así es el trato que espera recibir. Sin embargo, los Leo rebosan entusiasmo y son apasionados, juguetones, creativos y divertidos. Como son líderes por naturaleza, se adaptan mejor a las carreras que les sitúan en esa posición o que les permiten brillar con su inmensa luz.

Ejemplos de carreras profesionales apropiadas para Leo son las de actor, DJ, diseñador gráfico, publicista, comediante, locutor, director general, funcionario público, arquitecto, director, planificador de eventos, experto en medios de comunicación, *videoblogger*, modelo, promotor de ventas, joyero, artista o animador infantil.

El jefe Leo ha nacido para liderar y se lo hará saber a todo el mundo. Leo es un buen organizador y es inteligente a la hora de distribuir las tareas en el equipo. También se muestra receptivo a las nuevas ideas, pero no siempre acredita a los que proponen la idea. Los Leo suelen crear un ambiente de trabajo bastante llamativo, lo que puede resultar bastante entretenido si se les concede siempre el papel de jefe. No intentes nunca eclipsar a un jefe Leo porque son muy orgullosos y pueden comportarse de forma infantil si se les contradice.

Como empleado, Leo necesitará que le acaricien el ego y que le hagan llegar muchos cumplidos y le presten atención. También responden bien a los títulos de prestigio y al estatus. En cambio, si se les ignora, se sentirán profundamente dolidos y no reaccionarán bien. Es necesario que tengan un puesto que exhiba sus talentos; si lo logran, su lealtad y orgullo por su trabajo serán infinitos.

Si eres una persona genuina frente a un compañero de trabajo Leo, te será fiel en el trabajo. Sin embargo, tienen cierta tendencia a sentir que son ellos quienes mandan en el lugar de trabajo,

así que conviene dejarles creer que lo hacen. Cuando se hiere el orgullo y el corazón de un Leo, suelen adoptar un comportamiento infantil y poner mala cara, mientras que cuando un Leo está contento, alumbra la habitación con su presencia y es benévolo con todos los que lo rodean. A todo el mundo le conviene mostrar admiración y hacer cumplidos al jefe Leo porque este devolverá el cariño a todos sus empleados.

Personas conocidas de Leo

Madonna, Magic Johnson, Anna Paquin, Whitney Houston y Demi Lovato nacieron bajo el signo de Leo.

VIRGO EN EL TRABAJO

Los Virgo son más afines a las carreras en las que se aprovechan sus habilidades críticas y analíticas. Les resulta atractivo trabajar con las manos, utilizando su capacidad de coordinación óculo-manual a través de destrezas técnicas. Altamente organizados y minuciosos, también se sienten atraídos por las carreras que tienen un sentido y una utilidad para el bien común. En otras palabras, les gusta estar al servicio de los demás y perseguirán cualquier carrera hasta el punto de lograr la perfección.

Las carreras ideales para Virgo son las de contable, nutricionista o dietista, investigador, crítico, analista de datos, estadístico, auditor, ama de llaves, organizador, investigador, inversor, técnico, escultor, diseñador de páginas web, diseñador de moda, modelador 3D, ingeniero informático, veterinario, soldador, herborista, recepcionista, psicólogo, psiquiatra, contable, bibliotecario, empleado de banca, investigador médico, editor, escritor técnico, inspector o ingeniero.

El jefe Virgo se fijará en cada uno de los detalles y puede que tienda a la microgestión, puesto que quiere que todo se lleve a cabo de acuerdo con su nivel de perfección. Invertirá gran parte de su tiempo en la planificación y la previsión antes de tomar decisiones, pero eso puede suponer a veces que no cuente con la suficiente perspicacia para ver el panorama general. Los Virgo son sus propios detractores en cualquier situación. A pesar de que el jefe Virgo tiene un nivel de exigencia muy alto, no es autoritario, y, además, es muy hábil en la gestión de situaciones de crisis porque, como la mayoría de los signos de tierra, es paciente.

Como empleado, Virgo no busca la gratificación del ego y prefiere servir, pero sí tiene sentido de la equidad, de manera que necesitará una retribución justa y muy probablemente se aferre a cada detalle de su contrato de trabajo. Como los Virgo tienden a preocuparse, su atención a esos pormenores es un reflejo de las preocupaciones que tienen por no ser económicamente estables e independientes. Ponlos en un puesto que explote su capacidad de atención a los detalles y tanto tú como tu empresa saldréis ganando.

Los compañeros de trabajo de signo Virgo son muy cuidadosos y están dispuestos a ayudar a sus compañeros de trabajo más indiferentes a los detalles, pero eso puede manifestarse en ocasiones como una actitud crítica y puntillosa. Es posible que transmitan ansiedad, estrés y preocupación cuando no se cuidan los detalles. Pero si necesitas un ibuprofeno o cualquier otro medicamento, lo más probable es que tu compañero de trabajo Virgo lo tenga a mano, dado su gran interés por todo lo relacionado con la salud. Es probable que tengan muchas listas de tareas.

Personas conocidas de Virgo

Beyoncé, Pink, Keanu Reeves, Stephen Fry, Lily Tomlin y la Madre Teresa nacieron bajo el signo de Virgo.

LIBRA EN EL TRABAJO

Los Libra aman la paz, la armonía y el equilibrio, por lo que trabajan mejor en un ambiente que refleje esa energía. Al mismo tiempo, tienen predilección por las relaciones interpersonales, razón por la cual no les gusta trabajar solos. También disfrutan de cualquier profesión que implique crear equidad.

Las carreras profesionales más indicadas para los Libra son las de artista, director de recursos humanos (RRHH), moderador, diplomático, maquillador o peluquero, diseñador gráfico, abogado, casamentero, diseñador de moda, orientador, negociador, planificador de eventos, enfermero, administrador de empresas, responsable de control de calidad, músico, político, agente publicitario creativo, profesor de artes plásticas, trabajador social o responsable del área de relaciones laborales.

El jefe Libra trabajará mejor en colaboración que en solitario, pero en cualquiera de los casos se encargará de dirigir una empresa de forma equitativa y justa, tratando a todos por igual en todos los aspectos. Los intentos constantes de complacer a todo el mundo pueden convertir a los Libra en personas indecisas y vacilantes. No disfrutan con los empleados agresivos y polémicos, y se quedarán impresionados con los que cuidan su aspecto y juegan limpio.

El empleado Libra aportará su presencia tranquilizadora a cualquier contexto laboral y dará muestras de tacto y diplomacia, entendiéndose con casi todo el mundo, siempre que el ambiente no sea estrepitoso y conflictivo. Son ambiciosos, buscarán los ascensos que

se merecen y, al ser un signo de aire y diurno, les gusta que les asignen tareas que requieran la utilización de sus capacidades intelectuales.

El compañero de trabajo Libra es amable, inteligente y suele hacerse amigo de todo el mundo. No se posicionará en las discusiones acaloradas y a pesar de que a menudo se toma las cosas como algo personal, tiende a comportarse de forma amable para evitar que el ambiente de trabajo se deteriore.

Personas conocidas de Libra

Serena Williams, Martina Navratilova, Oscar Wilde, Will Smith, Bruno Marte y Cardi B han nacido bajo el signo de Libra.

ESCORPIO EN EL TRABAJO

Escorpio es un signo profundamente complejo que funcionará mejor en entornos en los que sus tendencias prácticamente obsesivas les permitan sumergirse por completo en su trabajo. Como son personas muy reservadas, trabajan bien individualmente, así que no se sentirán atraídos por las chácharas y las conversaciones que se alargan de más en la pausa del café.

Las profesiones más adecuadas para un Escorpio son las de psicoterapeuta, cirujano, detective, investigador, ingeniero, científico forense, asesor financiero, analista de mercado, investigador, político, analista político, funerario, médico forense, experto en fertilidad, terapeuta sexual, químico, curandero chamánico, fotógrafo *boudoir* o sepulturero.

El jefe Escorpio es intenso y puede ser intimidante, ya que su presencia es penetrante y es capaz de ver las motivaciones del resto, habilidad que utilizará en su propio beneficio. El jefe Escorpio no confiará en sus empleados desde un primer momento, pero una vez que lo hace, premia a las personas que son merecedoras y que tienen talento. Su falta de confianza puede ocasionar dificultades a la hora de delegar tareas, lo que a su vez puede mermar la productividad del equipo.

El empleado de signo Escorpio es muy discreto, tiene mucho aplomo y rezuma confianza en sí mismo. Son los trabajadores más ingeniosos, con una mentalidad única y motivados de manera autónoma, pero es habitual que resulten algo intimidatorios tanto para los empresarios como para los empleados. Es mejor asignarles un proyecto importante e intenso que les permita permanecer en su terreno y trabajar solos.

El compañero de trabajo Escorpio tiene una presencia poderosa y una gran capacidad de comprensión de la psique de sus compañeros de trabajo. Su capacidad innata de escucha activa explica el hecho de que los demás compartan sus problemas más íntimos con el Escorpio,

a pesar de que no sepan demasiado acerca de ellos. Al ser tan diligentes, son buenos compañeros de trabajo siempre que no se espere nada liviano, sencillo y fácil.

Personas conocidas de Escorpio

Leonardo DiCaprio, Jodie Foster, Drake, Whoopi Goldberg, Tim Cook, RuPaul y Julia Roberts han nacido bajo el signo de Escorpio.

SAGITARIO EN EL TRABAJO

Los sagitarianos son curiosos por naturaleza, optimistas y aventureros, y se sienten especialmente atraídos por una carrera profesional que les dé la libertad de explorar física o mentalmente. Los puestos en los que su espíritu filosófico pueda brillar y en los que puedan explorar constantemente nuevos ámbitos serán muy satisfactorios para ellos.

Los Sagitario encajan en profesiones como teólogo, profesor de yoga, publicista, guía de viajes, agente de viajes, intérprete, abogado, juez, profesor, maestro de secundaria, embajador, atleta (especialmente ecuestre), empresario, director de hotel, comercial, dependiente, misionero, arquitecto, arqueólogo, director de relaciones públicas, entrenador personal, embajador de marca o bloguero de viajes.

Es divertido trabajar con un jefe Sagitario y es agradable estar con él. Es una persona de trato fácil y su sed de conocimientos y nuevas experiencias dará a los empleados la oportunidad de ampliar su propio campo de estudio. El único inconveniente es el famoso síndrome del pie en la boca de los Sagitario, y pueden ofender a los que les rodean con su franqueza e irreflexión.

Como empleados, su imagen positiva, entusiasmo y confianza en sí mismos son reconfortantes y pueden transmitirse a otros. Sin embargo, pondrán en tela de juicio todo lo que se les diga, puesto que no les gusta que les convenzan de que «así es como se hace», y su franqueza puede ser percibida como algo negativo. Por lo general, su mente despierta y su enfoque perspicaz se hacen notar.

Es un privilegio contar con un compañero de trabajo Sagitario si eres capaz de seguirle el ritmo. Suelen tener un sentido del humor irónico y les encanta hacer reír a los demás, al igual que un buen debate. Tienden a querer animar a los que les rodean, lo que los convierte en buenos compañeros de trabajo.

Personas conocidas de Sagitario

Taylor Swift, Billie Jean King, Nicki Minaj, Raven-Symoné, Gianni Versace y Jamie Foxx nacieron bajo el signo de Sagitario.

CAPRICORNIO EN EL TRABAJO

Los Capricornio son auténticos constructores; les apasiona la idea de crear algo sólido y duradero, ya sea un edificio, una profesión o un negocio. Se adaptan mejor a un entorno que les posibilite utilizar su fuerte ética de trabajo y son tanto emprendedores como corporativos por naturaleza, porque los Capricornio aprecian la estructura y las jerarquías establecidas.

Las profesiones que más favorecen a los Capricornio son las de contable, planificador y organizador profesional, profesor, cajero, médico ortopédico, gestor financiero, programador informático, director general, redactor publicitario, analista de negocios, arquitecto, consultor, analista, gestor de atención al cliente, secretario legal, joyero, trabajador de la construcción, electricista, gestor de recursos humanos, responsable de la cadena de suministro, dentista o profesional del sector forestal.

El jefe Capricornio es dedicado, trabajador y está completamente centrado en la consolidación de su carrera o negocio. Es posible que el jefe Capricornio esté tan centrado en el trabajo que emplee muchas horas, a menudo en detrimento de cualquier clase de diversión o entretenimiento en su vida. El jefe Capricornio sabe dirigir un equipo con gran eficacia y sabe cómo tratar a los clientes más difíciles y las situaciones de crisis. Los integrantes de su equipo que sean serios y trabajadores impresionarán al jefe capricorniano.

El empleado de signo Capricornio es, probablemente, el más trabajador de la organización y lo hará sin aspavientos ni dramatismos. Como tal, el Capricornio será reservado y profesional, seguirá las reglas del puesto de trabajo y ascenderá con tesón.

Como compañero de trabajo, Capricornio se asegurará de que todo el mundo haga su trabajo correctamente y desaprobará a los compañeros que no cumplan con el horario o sean chapuceros. Además, es probable que sea el primero en aceptar las horas extras y es muy fiable, además de generoso con su tiempo y su colaboración con los compañeros de trabajo.

Personas conocidas de Capricornio

David Bowie, Ricky Martin, Denzel Washington, Ellen DeGeneres, Betty White y Mary J. Blige nacieron bajo el signo de Capricornio.

ACUARIO EN EL TRABAJO

Los acuarianos son los inconformistas del zodiaco y no son los que mejor acatan las normas, así que se adaptan mucho mejor a los entornos que aprovechan su naturaleza innovadora y peculiar. Son también los más humanitarios del zodiaco, por lo que, si sienten que su carrera ayuda a cualquier causa, se sentirán plenos y satisfechos. Suelen desenvolverse al más alto nivel mental, por lo que son más felices haciendo gala de su mente.

Las profesiones de Acuario son las de astrólogo, astrónomo, programador informático, instalador, profesor, ingeniero medioambiental, experto en estrategia política, juez, trabajador social, toxicólogo, actor, jefe de proyectos, analista, fisioterapeuta, entrenador personal, especialista en análisis de datos, experto en planificación medioambiental, poeta, músico, electricista, técnico de rayos X, asesor técnico, trabajador del sector del automóvil, ingeniero aeroespacial, neurólogo o especialista en hipnosis.

El jefe Acuario será una persona reformista e innovadora, y disfrutará con la creación de nuevos modos de hacer las cosas; además, se mostrará receptivo a la hora de escuchar tus ideas novedosas. Este jefe gusta del intelecto y es distante emocionalmente, de manera que no disfrutará con los dramas emocionales en el trabajo. Como se trata de una persona tan independiente tanto en su pensamiento como en su vida, es frecuente encontrarla ejerciendo su labor en solitario en lugar de dirigir un equipo.

El empleado de Acuario tendrá muchos conocidos, pero pocas amistades sinceras, y atraerá al equipo que lo rodea. También es probable que den la impresión de estar despistados y de olvidarse de los detalles triviales, pues su mente no para de atar cabos para entender cómo funcionan las cosas en su conjunto. Sin embargo, son concienzudos, leales y peculiares.

El compañero de trabajo de Acuario siempre es interesante y muestra interés por ti desde un punto de vista intelectual. Cabe esperar que quiera mantener conversaciones inteligentes y que sea muy amable. También puede intentar convencerte de su causa humanitaria más reciente. Es compasivo, pero preferirá actuar activamente en lugar de apaciguar a los demás emocionalmente.

Personas conocidas de Acuario

Alicia Keys, Alice Walker, Justin Timberlake, Harry Styles, Michael Jordan y Oprah Winfrey nacieron bajo el signo de Acuario.

PISCIS EN EL TRABAJO

Los piscianos son los más soñadores y creativos del zodiaco y se adaptan mejor a las profesiones que les permiten fluir de forma intuitiva y creativa a la vez que cambian de rumbo cuando les apetece. El mundo de las empresas no suele ser adecuado para ellos, a menos que trabajen de forma creativa, ya que los entresijos de los negocios no suelen ser su fuerte.

Las profesiones que se adecúan a los nativos de Piscis son las de vidente, médium, artista, decorador de interiores, trabajador social, trabajador de organizaciones sin ánimo de lucro, consultor, enfermero, fisioterapeuta, cineasta, músico, profesor de ciencias de la salud, fotógrafo, terapeuta energético, cuidador, farmacólogo, escritor de ficción, podólogo, anestesista, ejecutivo publicitario, físico, funcionario de prisiones, poeta, actor, reclutador o buzo.

Los jefes piscianos son mejores cuando se dedican a las industrias creativas, puesto que son personas tiernas y amables, y no se les da bien dirigir ni dar órdenes. Los empleados más duros desafiarán al jefe pisciano, pero funcionan mejor si su equipo confía en su visión y en sus intuiciones.

Los empleados Piscis deben dedicarse a una profesión afín a su alma sensible. Los ambientes ruidosos, retadores y cambiantes harán que el empleado Piscis se sienta miserable. Si una persona de signo Piscis trabaja en un entorno sosegado, trabajará con diligencia.

La naturaleza empática de los piscianos los convierte en los más apropiados para equipos de trabajo reducidos y tendrán que resguardarse de las emociones de todas las personas que los rodean.

Personas conocidas de Piscis

Rihanna, Elliot Page, Wanda Sykes, Jon Hamm, Trevor Noah, George Harrison y Steve Jobs nacieron bajo el signo de Piscis.

Capítulo 12
El amor según el zodiaco

En este capítulo, veremos con más detalle la compatibilidad romántica de cada signo del zodiaco. Si bien existen otros factores e influencias relevantes en la carta astral de una persona cuyo objetivo es determinar la compatibilidad romántica, este análisis proporciona tanto una guía como una visión general de cómo cada signo solar se comporta con el amor. Si quieres profundizar en el análisis más allá de los signos solares, debes elaborar las cartas natales siguiendo las indicaciones de la segunda parte (véase la página 89). Esa información debería utilizarse para ofrecer una comprensión más cabal de los puntos fuertes de cada individuo, de su personalidad particular y de cómo podrían funcionar juntos. Todos los planetas, las posiciones de las Casas y los aspectos entre las dos cartas aportan detalles y matices a la lectura de la compatibilidad.

Hay que tener en cuenta que no hay parejas «buenas» o «malas». Cada persona y cada signo son complejos, y es posible que una combinación que en su día se desaconsejó en muchos libros y artículos astrológicos, en realidad funcione gracias a las relaciones entre Venus y Marte, por ejemplo. Tómalo solo como una guía general y piensa un poco más allá, aplicando las descripciones utilizadas para un signo concreto a la persona del signo de Venus, por ejemplo. No olvides tener en cuenta el signo del descendente, las posiciones de las Casas y los aspectos entre las cartas para lograr una interpretación más completa. Somos seres humanos complejos y las conexiones de los signos solares solo nos muestran una parte de la historia.

ARIES EN EL AMOR

Aries es audaz, franco y directo en el amor, por lo que se lanzará a por la persona que desea con entusiasmo. Siempre sabrás a qué atenerte con una persona de este signo gracias a su honestidad. Suelen ser los que inician una relación. Su entusiasmo por la vida resulta muy atractivo, pero puede ser un poco abrumador y aparentemente agresivo para los signos más tranquilos. Nunca permitirán que los problemas se agraven.

Combinaciones románticas

◇ Aries y Aries son una combinación ardiente y extremadamente apasionada. Ambos son independientes y competitivos, lo que puede dar pie a batallas animadas y a veces explosivas, pero en realidad ambos disfrutan del combate.

◇ Aries y Tauro son una combinación de rapidez y pasión con lentitud y sensualidad. Aries empuja a Tauro a la acción, mientras que Tauro calma al impulsivo Aries.

◇ Aries y Géminis forman un buen equipo, con Aries tomando la iniciativa y Géminis aportando las ideas que aviva el fuego de Aries. Se divierten mucho juntos.

◇ Aries y Cáncer forman un gran equipo, en el que la pareja formada por Aries se encarga de la acción en el exterior y la persona de Cáncer mantiene el calor del hogar.

◇ Aries y Leo son otra combinación ardiente con mucha diversión y también con algunas peleas explosivas. Aries es más bien el que inicia, mientras que Leo es el que hace realidad el plan.

◇ Aries y Virgo son una mezcla de impulso y conservadurismo, con Aries proporcionando entusiasmo para animar a Virgo y con Virgo aportando paciencia y practicidad para aterrizar a Aries.

◇ Aries y Libra son una mezcla de la acción e independencia de Aries y la negociación y el trabajo en equipo de Libra. Si Aries intenta comprometerse un poco y Libra deja que Aries tome la iniciativa de vez en cuando, funcionará bien.

◇ Aries y Escorpio son una combinación apasionada, en la que la franqueza y la honestidad de Aries penetrarán en la energía más reservada e investigadora de Escorpio.

◇ Aries y Sagitario son otra combinación ardiente y aventurera, en la que solo la falta de tacto de Sagitario y la necesidad de dominio de Aries causan problemas ocasionales.

◇ Aries y Capricornio pueden ser una mezcla exitosa si se respetan las necesidades individuales de independencia y logro del otro, y si ninguno de los dos trata de controlar al otro.

◇ Aries y Acuario son otra combinación atrevida e impulsiva, y es probable que ambos compartan un sentido de! humor retorcido.

◇ Aries y Piscis pueden funcionar bien si Aries es consciente de la sensibilidad pisciana y aprende a ceder un poco. Piscis será infinitamente leal y fluirá con la espontaneidad de Aries.

TAURO EN EL AMOR

Un Tauro en el amor es leal y perseverante al máximo y se tomará su tiempo para comprometerse. Sin embargo, cuando lo hace, puedes estar absolutamente seguro de que lo hace en serio.

Una vez dentro de la relación, el sentido de la devoción a la familia y la estabilidad financiera lo mantendrá entregado a la persona que elija. Si se le hace daño, le cuesta perdonar.

Combinaciones románticas

- ✧ Tauro y Tauro son leales y tienen los pies en la tierra, disfrutarán juntos de todas las comodidades del hogar y estarán dispuestos a trabajar para crear ese hogar.
- ✧ Tauro y Géminis son una pareja que necesitará comprometerse, con algo menos de terquedad y disposición a ser un poco más sociable de Tauro y con Géminis encontrando algo de paciencia y aflojando un poco.
- ✧ Tauro y Cáncer son leales y afectuosos, y juntos formarán un hogar increíble, satisfaciendo las necesidades emocionales del otro.
- ✧ Las relaciones entre Tauro y Leo necesitarán de mucho compromiso, ya que los Leo son apasionados y viven el día a día, y los Tauro son prácticos y pacientes y buscan la estabilidad. Por supuesto, eso quiere decir que, si pueden comprometerse, podrán tenerlo todo.
- ✧ Tauro y Virgo son dos de los signos que mejor combinan, ya que ambos son prácticos y responsables. Virgo aporta un poco de humor a la mezcla y Tauro aporta más sensualidad.
- ✧ Tauro y Libra están regidos por Venus, ambos son románticos y adoran el lujo. Si Tauro puede ser consciente de la necesidad de Libra de ser sociable y seductor, a la vez que Libra puede ser consciente de la necesidad de Tauro de ser estable, pueden funcionar bien juntos.
- ✧ Tauro y Escorpio representan el caso de los polos opuestos que se atraen, y ambos tienden a sacar lo mejor del otro. Financieramente, serán sumamente estables, y ambos son muy sensuales.
- ✧ Tauro y Sagitario pueden funcionar bien, ya que Tauro proporciona la estabilidad y la rutina a un Sagitario a veces huidizo, y Sagitario aporta algo de espontaneidad y optimismo a la mezcla.
- ✧ Tauro y Capricornio son una combinación terrenal y práctica, con Capricornio aportando ambición y humor, y Tauro brindando firmeza y proveyendo la base del hogar.
- ✧ Tauro y Acuario necesitan aceptar las diferencias, pero pueden funcionar si los dos tienen una visión de la vida parecida. A Acuario le gusta remover las cosas y ama la exploración intelectual, mientras que a Tauro, en cambio, le gustan las cosas más prácticas y terrenales, pero, por supuesto, si ambos son capaces de comprometerse, funciona.
- ✧ Tauro y Piscis son una buena mezcla, con la practicidad y la estabilidad de Tauro, y con Piscis, que es más idealista y compasivo. En lugar de desafiarse, ambos son propensos a aprender el uno del otro.

✧ Tauro y Aries son una combinación que se atrae o se repele, con un Aries rápido que empuja a Tauro a la acción y un Tauro que calma al impulsivo Aries.

GÉMINIS EN EL AMOR

Géminis en el amor es veloz, coqueto y sociable, además de necesitar estimulación intelectual hasta el punto de que a menudo consideran a su pareja como su mejor amigo, lo que implica un menor hincapié en el aspecto físico de la relación. Son curiosos y saben escuchar, por lo que suelen cautivar a todos los que conocen.

Combinaciones románticas

✧ Géminis y Géminis son una combinación que realmente necesita un poco de práctica terrenal en la carta de, al menos, una de las personas. Será una relación intelectual, divertida e inquieta que puede ser inestable, aunque el factor de la amistad es muy alto.

✧ Géminis y Cáncer necesitan claramente un compromiso entre la sociabilidad y la intimidad, y entre lo desenfadado y lo sensible. La mezcla de curiosidad, diversión y seguridad emocional puede encajar bien con la conciencia.

✧ Géminis y Leo son una pareja que lleva una vida repleta de diversión, afecto y probablemente también de fiestas. Se complementan en cuanto a que Leo aporta cierta dosis de estabilidad y Géminis aporta más flexibilidad.

✧ Géminis y Virgo son dos signos regidos por Mercurio, y eso significa que los dos son capaces de adaptarse y comunicarse bien. Virgo aporta practicidad y Géminis ayuda a Virgo a distenderse un poco.

✧ Géminis y Libra son una combinación que encaja bien y es probable que la pareja salga con frecuencia, explore nuevas experiencias, conozca a gente y comparta constantemente sus ideas.

✧ Géminis y Escorpio son una mezcla de profundidad, intimidad, desenfado y franqueza que requiere una gran adaptación del uno al otro. Como siempre, puede funcionar si Géminis permite a Escorpio estar a solas con frecuencia y si Escorpio desarrolla una faceta más jovial en algunas ocasiones.

✧ Géminis y Sagitario son una pareja que tiene muchas cosas en común. A ambos les gusta explorar intelectualmente y debatir, y ambos tienen un gran sentido del humor. Es una relación liviana y juguetona.

✧ Géminis y Capricornio necesitan un poco de respeto y comprensión mutuos para funcionar, ya que Capricornio es serio y Géminis no lo es tanto. Como siempre, esto puede funcionar si Géminis es capaz de aportar un sentido de juego a Capricornio y Capricornio puede ofrecer la estabilidad necesaria a Géminis.

◇ Géminis y Acuario son un verdadero cruce de mentes y nunca se quedarán sin ideas o cosas de las que hablar. Ambos son sociables y les gusta su independencia.

◇ Géminis y Piscis necesitarán un compromiso, ya que Géminis es una mariposa social y extrovertida, y Piscis se caracteriza por ser emocional, tímido y sensible. Sin embargo, ambos signos son flexibles, por lo que existe la posibilidad de que cada uno se adapte a las necesidades del otro.

◇ Géminis y Aries son aire y fuego, y ambos elementos se complementan bien entre sí. Los Géminis son los imitadores del zodiaco y probablemente coincidirán con la pasión de Aries, mientras que la mente de Géminis se verá alimentada por el fuego. ¡Diversión asegurada!

◇ Géminis y Tauro no son las parejas más sencillas, pero eso hace que las cosas sean interesantes. Puede que a Tauro le resulte difícil seguir el ritmo de Géminis y este deseará a veces que Tauro sea más sociable y menos testarudo, pero si ambos pueden comprometerse, esta será una buena relación.

CÁNCER EN EL AMOR

Los Cáncer enamorados son cariñosos y sensibles, y se enamoran rápidamente y por completo. Son propensos a comprometerse rápidamente y a darlo todo por su pareja, pero su sensibilidad puede desembocar en una necesidad emocional cuando no se sienten correspondidos. Las personas de Cáncer defenderán a sus seres queridos, así que trátalos con el amor que se merecen.

Combinaciones románticas

◇ Las relaciones entre Cáncer y Cáncer son sumamente cariñosas, afectuosas y leales, y ambos perciben las necesidades del otro con facilidad. Los dos necesitan seguridad y pueden ser temperamentales, pero cada uno comprende eso en el otro, por lo que rara vez es un problema.

◇ Cáncer y Leo son una combinación muy afectuosa y apasionada, sobre todo si la persona de Cáncer logra acordarse de colmar al Leo de elogios, así como de amor, y si Leo puede atemperar un poco cualquier tipo de extravagancia.

◇ Cáncer y Virgo son una pareja paciente, con los pies en la tierra y leal. Los dos signos se entienden muy bien y el terrenal Virgo tiene mucha paciencia con los estados de ánimo de Cáncer. Los dos signos son por lo general hogareños y conservadores desde el punto de vista económico.

◇ Las parejas formadas por Cáncer y Libra pueden tener dificultades si la persona de Cáncer no entiende la necesidad de Libra de estar rodeado de otras personas y si Libra no se esfuerza por satisfacer las necesidades emocionales de Cáncer. Cuando consiguen hacerlo, ambos pueden disfrutar de nuevas formas de ser.

✧ Cáncer y Escorpio son una pareja emocionalmente profunda con una conexión intuitiva entre ellos. Los Escorpio necesitan más tiempo a solas que Cáncer, pero eso no suele ser un problema.

✧ Las parejas compuestas por Cáncer y Sagitario pueden encontrar dificultades, ya que Sagitario es un espíritu libre y Cáncer necesita seguridad. Sin embargo, los sagitarianos suelen

comprometerse seriamente cuando se enamoran de verdad, así que solo por eso puede significar que esto funcione a base de compromisos.

✧ Cáncer y Capricornio son una buena relación en términos de lealtad y seguridad, pero el Capricornio puede ser, en ocasiones, demasiado frío emocionalmente, con lo que si aprenden a mostrar un poco de afecto les irá muy bien.

✧ Cáncer y Acuario son una especie de híbrido entre las necesidades emocionales y el pensamiento objetivo,

La compatibilidad no se limita a tu signo solar

A continuación, ofrezco una breve descripción de la compatibilidad de los distintos signos, basada principalmente en los signos solares, pero hay otras formas de contemplar la compatibilidad de la carta, como por ejemplo teniendo en cuenta los siguientes elementos.

Las energías diurnas tienden a entenderse más fácilmente, es decir, los signos de fuego y aire: Aries, Géminis, Leo, Libra, Sagitario y Acuario. Por lo general, tendrán relaciones vivas, sociables y aventureras, siendo los principales obstáculos la practicidad y la conexión emocional.

Del mismo modo, las energías nocturnas, Tauro, Cáncer, Virgo, Escorpio, Capricornio y Piscis, son más compatibles en general y disfrutan de relaciones estables, fructíferas y consolidadas, siendo los principales obstáculos la falta de emoción, espontaneidad y diversión.

Este mismo principio puede aplicarse a las conexiones de la carta astral entre cualquier conexión planetaria, así como a las conexiones entre los ángulos de las dos cartas natales.

lo que puede llegar a ser poco satisfactorio, a menos que los dos sepan reconocer las respectivas necesidades del otro.

✧ Cáncer y Piscis forman una buena pareja y hacen gala de una conexión espiritual y afectuosa. Cáncer es el que mejor sabe manejar el dinero y a los dos les encantará estar juntos en su propio mundo en Casa.

✧ Cáncer y Aries podrán funcionar bien juntos si Aries se centra en los aspectos del entorno exterior, mientras que Cáncer hace hincapié en el hogar y la vida familiar. Si el miembro de la pareja de signo Aries se toma el tiempo necesario para demostrar su afecto, la relación funcionará con más éxito.

✧ Cáncer y Tauro son otra unión leal y afectuosa, y ambos apuestan por el hogar, la familia y la seguridad económica. Cubrirán mutuamente las necesidades del otro.

✧ Cáncer y Géminis conforman una buena pareja siempre y cuando Cáncer acepte el carácter desenfadado, divertido y coqueto de Géminis, y este pueda volcar esa mirada de diversión hacia su pareja más a menudo que hacia los demás.

LEO EN EL AMOR

En el amor, Leo es apasionado y abierto, siempre que se sienta correspondido. Son excelentes compañeros de vida y también son buenos padres. Sin embargo, al ser tan francos, se sienten heridos con facilidad si no están con alguien que los colme de amor y atención.

Combinaciones románticas

✧ Leo y Leo son adorables estando juntos, siempre y cuando ninguno trate de dominar al otro y ambos se colmen de amor, cumplidos y atención. Si lo hacen, entonces esta combinación será de lo más gratificante.

✧ Leo y Virgo pueden ser una muy buena unión, con una buena mezcla de diversión de Leo y la estabilidad de Virgo, con tal de que Virgo se relaje un poco y Leo no trate de dominar al Virgo más analítico.

✧ Leo y Libra generalmente forman una pareja atractiva y llena de encanto que mantiene un buen nivel de vida social. Si se prestan suficiente atención el uno al otro, seguirán siendo felices durante mucho tiempo.

✧ Leo y Escorpio son dos signos tercos y poderosos que disfrutan con el dramatismo de una buena pelea y son, al mismo tiempo, leales. Sorprendentemente, y a pesar de la intensidad, suelen llevarse bien.

✧ Leo y Sagitario son una pareja divertida y enérgica en la que no falta el drama. Los sagitarianos pueden tener que tratar de controlar su llamativa forma de expresarse si no quieren herir el orgullo de los Leo, pero generalmente se trata de una alianza estupenda.

✧ Leo y Capricornio pueden convertirse en un buen equipo que se fortalece cada vez más. Sus fortalezas logran equilibrarse mutuamente y cada uno es capaz de inspirar al otro a alcanzar mutuamente sus objetivos.

✧ Leo y Acuario son otra pareja llena de vida y entusiasmo. Sin embargo, los Leo reclaman mucha atención y Acuario suele ser demasiado distante e introvertido para dar lo suficiente. Si Acuario consigue aprender a hacer cumplidos, la relación funcionará bien.

✧ Leo y Piscis podrán entablar una buena relación si Leo adopta el enfoque de gobernante bondadoso y cariñoso con el Piscis más sensible, en lugar de esperar que este se defienda por sí mismo.

✧ Leo y Aries son una combinación muy buena, pero tan explosiva que podrían tener discusiones significativas, si bien es cierto que también compartirán muchos ratos de risas. La franqueza de Aries puede afectar en ocasiones la ternura de Leo.

✧ Leo y Tauro pueden formar una magnífica pareja si ambos se comprometen a satisfacer la necesidad de estabilidad y de un hogar seguro de Tauro, y la naturaleza apasionada y extrovertida de Leo, así como su tendencia a asumir riesgos.

✧ Leo y Géminis son una pareja apasionante y llena de vida. Ambos son bastante dramáticos y atrevidos, además de ser sociables y coquetos, pero Géminis tendrá que asegurarse de mantener la atención sobre Leo para no herir su orgullo.

✧ Leo y Cáncer son una buena pareja si Cáncer se vale del refuerzo positivo con la persona de Leo en lugar de limitarse a la crítica, ya que Leo tiende a devolver el amor y el aprecio que se le demuestra.

VIRGO EN EL AMOR

Los Virgo son los amantes intelectuales del zodiaco y se acercan al amor con prudencia y de una forma conservadora. Les encanta estar con alguien que sepa mantener una conversación inteligente, pero suelen sentirse atraídos por una pareja más extrovertida y directa que dé el primer paso. Prefieren el compromiso y mostrarán su cariño con actos en lugar de palabras bonitas o grandes caricias.

Combinaciones románticas

✧ Virgo y Virgo pueden funcionar si ambos se comprometen a dejar el trabajo a un lado de manera regular. Son tan afines que, sin ese compromiso, podría ser una relación en la que solo se trabaje y no haya diversión alguna de por medio.

✧ Virgo y Libra pueden ser una buena forma de mezclar la seriedad y la frivolidad si los dos aceptan el enfoque del otro. La ventaja es que la comunicación es una habilidad en la que ambos destacan, por lo que hablar de las diferencias que los separen les será de gran ayuda.

✧ Virgo y Escorpio son un binomio compatible si Virgo no se empeña en analizar racionalmente a Escorpio, que tiene sentimientos profundos, y admite que tiene una confianza innata y sosegada en sí mismo y que pasa mucho tiempo en silencio cuando está a gusto con una persona.

✧ Virgo y Sagitario coinciden en su forma de pensar, pero ambos parten de enfoques diferentes, con Virgo mostrándose más introvertido y reservado y Sagitario con una mentalidad más extrovertida y despreocupada. Si los dos llegan a un término medio, esta pareja puede funcionar.

✧ Virgo y Capricornio son dos signos de tierra y se compenetran muy bien. Ambos se entienden y complementan a la perfección.

✧ Virgo y Acuario disfrutarán el uno del otro desde una perspectiva intelectual, a pesar de que Virgo puede enfrentarse a la impracticabilidad de Acuario, pese a que la mezcla de imaginación y practicidad puede funcionar.

✧ Virgo y Piscis son una mezcla estimulante de practicidad y de sueños idealistas que solo puede prosperar si los dos se comprometen, con Piscis procurando ser un poco menos sensible y con Virgo tratando de serlo más.

✧ Virgo y Aries funcionarán si Virgo deja que Aries lleve la voz cantante, y si Aries concede a Virgo la oportunidad de ocuparse de los detalles prácticos

y se percata de que simplemente disfruta con ellos y no pretende controlarlos.

✧ Virgo y Tauro comparten el sentido de la responsabilidad y el deseo de ser productivos y fiables, lo que supone un vínculo generalmente equilibrado y armonioso, en el que Tauro aporta más sensualidad y Virgo un gran sentido del humor.

✧ Virgo y Géminis son una pareja con un alto grado de compatibilidad intelectual, siendo Virgo más práctico y Géminis más sociable y, en ocasiones, algo frívolo. Hablar las cosas siempre les ayudará como pareja.

✧ Virgo y Cáncer son una pareja sumamente afín, pues ambos son personas con un carácter más introvertido y leal. Ambos suelen comprenderse mutuamente de manera naturalmente intuitiva.

✧ Virgo y Leo pueden funcionar si Virgo hace lo posible por no herir el orgullo de Leo a base de críticas, y Leo se esfuerza por no ser dominante.

LIBRA EN EL AMOR

A los Libra les encanta amar y estar enamorados. Serán muy cariñosos y cumplidores, y les encanta recibir lo mismo a cambio. Sin embargo, son bastante exigentes con quienes se relacionan y no se sienten cómodos con parejas inseguras o que no les resulten visualmente atractivas.

Combinaciones románticas

✧ Libra y Libra son una combinación que encaja a la perfección y que, a veces, puede adolecer de un poco de pasión por ser tan armoniosa y apoyarse en la compatibilidad mental.

✧ Libra y Escorpio sienten una gran atracción de entrada, pero la profundidad emocional de Escorpio y la sociabilidad de Libra pueden provocar discrepancias en el marco de una relación a largo plazo. Ambos pueden convertirse en un enigma mutuo, pero la comunicación puede salvar la brecha.

✧ Libra y Sagitario son una pareja divertida y optimista con un sentido del humor muy parecido, lo que ayudará a superar cualquier diferencia en el enfoque, tal como el síndrome metafórico del pie en la boca por parte de Sagitario y la diplomacia de Libra.

✧ Libra y Capricornio son una pareja estable, con Capricornio centrado en el trabajo en primer lugar y Libra en la relación, lo cual se complementa bien.

✧ Libra y Acuario son una mezcla que tiene mucho en común y formarán una pareja en la que predominará claramente la amistad.

✧ Libra y Piscis son una pareja creativa e idealista que puede carecer de la conexión emocional que Piscis necesita. Si eso es factible de resolver, entonces puede funcionar bien.

✧ Libra y Aries son signos polares y tienen enfoques muy diferentes, ya que Libra se dedica al trabajo en equipo y Aries es individualista. Si Aries puede transigir un poco y Libra deja que Aries lleve la voz cantante de vez en cuando, funcionará bien.

✧ Libra y Tauro comparten muchos de los rasgos venusinos, ya que ambos están regidos por Venus. Comparten el amor por la armonía y el lujo, por ejemplo. Ambos valoran la lealtad y estarán bien juntos si Libra es capaz de tolerar el pesimismo de Tauro y si este sabe que la naturaleza de coquetería de Libra es innata.

✧ Libra y Géminis forman una excelente pareja y solamente la indecisión supondrá un problema ocasional para ambos. A ambos les gusta dialogar y ser sociables, así que se divertirán mucho juntos.

✧ Libra y Cáncer tienden a enfrentarse a algunos retos, ya que Cáncer necesita proximidad emocional y Libra es más ligero y necesita más interacción social. Su lealtad mutua puede ser de gran valor para el compromiso.

✧ Libra y Leo son una pareja entrañable, en la que ambos son afectuosos, juguetones y sociables; existe la posibilidad de que se entretengan demasiado gastando dinero juntos.

✧ Libra y Virgo parecen estar enfrentados, con Libra distendido, despreocupado y sociable, y Virgo productivo, serio y reservado; pero en realidad este binomio se complementa y encaja de maravilla.

ESCORPIO EN EL AMOR

Los Escorpio son tan intensos que casi resultan obsesivos, ya que se entregan por completo a sus relaciones, son leales y sienten un profundo deseo de intimar. Necesitan pasar tiempo a solas a pesar de tal necesidad de intimidad y sus sentimientos son tan profundos que les resulta difícil compartirlos.

Combinaciones románticas

◇ Escorpio y Escorpio son una combinación increíblemente poderosa, intensa y dramática que puede sacar a relucir lo mejor o lo peor del otro, o ambas cosas en diferentes momentos. Si los dos se funden bien, durarán toda la vida.

◇ Escorpio y Sagitario son diametralmente diferentes y tendrán que esforzarse para que prospere lo que podría ser una fuerte atracción inicial, con Escorpio atenuando su lado reservado y serio al tiempo que Sagitario desarrolla parte de lo mismo.

◇ Escorpio y Capricornio son una pareja que encaja muy bien, puesto que ambos son muy trabajadores y reservados y aprecian la seguridad. Cada uno de ellos proporciona fortalezas complementarias a la relación.

◇ Escorpio y Acuario no siempre están predestinados a mantener relaciones duraderas o armoniosas que no impliquen un gran compromiso, incluso cuando exista una gran atracción. La intensidad de Escorpio y el desapego de Acuario pueden causar conflictos, pero es posible que den sus frutos si se procura resolver las diferencias.

◇ Escorpio y Piscis son un equipo leal y emocionalmente ligado, aunque a Piscis no siempre le agrade la tendencia de Escorpio a ser más conflictivo. Ambos tienen inquietudes espirituales y románticas, y se entregarán al otro de muy buena gana.

◇ A Escorpio y a Aries les gusta llevar el control, pero la pasión entre los dos es muy intensa. Es probable que ambos disfruten de la intensidad y, haciendo gala de un poco de comunicación, puede funcionar.

◇ Escorpio y Tauro son, en muchos sentidos, perfectos el uno para el otro, ya que el estilo más relajado de Tauro complementará la intensidad de Escorpio, y ambos tienen valores similares.

◇ Escorpio y Géminis conforman una mezcla fascinante de energías, ya que Escorpio es intenso y Géminis prefiere la ligereza. Cada uno puede intrigar al otro lo suficiente como para seguir explorando cómo funcionar juntos, y generalmente encuentran la manera de hacerlo.

◇ Escorpio y Cáncer se caracterizan por ser profundamente emocionales, sensibles y también posesivos, lo cual se traduce en que ambos logren sentirse tranquilos y seguros dentro de la pareja.

◇ Escorpio y Leo entablan un vínculo muy apasionado y dramático, pero les costará trabajo comunicarse sin caer en el conflicto. Sin embargo, ambos disfrutarán de esta pareja de alto voltaje y eso les hará mantener el interés.

◇ Escorpio y Virgo son una pareja que se complementa y funcionan bien juntos. Ambos disfrutan del tiempo a solas y pueden forjar fácilmente una base de confianza mutua.

◇ Escorpio y Libra hablan y viven de forma opuesta, pero se sienten atraídos el uno por el otro a pesar de ello. La intimidad y la intensidad de Escorpio confundirán al Libra de espíritu alegre, y la sociabilidad de Libra sacará a relucir la posesividad de Escorpio, pero la comunicación y el compromiso les pueden resultar de gran ayuda.

SAGITARIO EN EL AMOR

En el amor, Sagitario está lleno de energía, entusiasmo y diversión. Se suele decir que Sagitario se toma su tiempo para comprometerse, pero eso se debe únicamente al impulso de encontrar a alguien que pueda mantener el interés en la pareja. Cuando se enamoran, suelen ser muy fieles. Se sienten más atraídos por aquellos cuya vocación es la ambición y el espíritu de superación.

Combinaciones románticas

◇ Sagitario y Sagitario son una pareja divertida, apasionada y aventurera. A ambos les encanta viajar y descubrir experiencias nuevas y lo saben aprovechar con entusiasmo. La practicidad y la conexión emocional pueden originar ciertos problemas.

◇ Sagitario y Capricornio pueden convertirse en una buena combinación, ya que la practicidad de Capricornio puede contrarrestar los excesos de Sagitario, mientras que la persona de signo Sagitario valorará la ambición de Capricornio.

◇ Sagitario y Acuario son una mezcla visionaria, con una orientación clara hacia los objetivos y la disposición hacia la búsqueda de nuevos proyectos. Será, sin duda, una combinación divertida.

◇ Sagitario y Piscis son una pareja en la que impera la atracción, pero en la que hay que asumir algunos compromisos. Hay que buscar un equilibrio entre la energía extrovertida y espontánea de Sagitario y la energía reservada y tímida de Piscis, pero con el tiempo puede salir bien.

◇ Sagitario y Aries tienen mucho en común y será un equipo con mucho dinamismo en el que disfrutarán de todo tipo de experiencias juntos. Muy aventureros, con cierta volatilidad debido a la franqueza de Sagitario y a la necesidad que tiene Aries de liderar siempre, pero por lo general forman una buena pareja.

◇ Sagitario y Tauro se enfrentan a algunos retos, ya que la pasividad y la estabilidad de Tauro pueden frustrar al enérgico Sagitario. Sin embargo, Tauro aporta la estabilidad y la rutina a un Sagitario a veces huidizo, y Sagitario contribuye con algo de espontaneidad y optimismo a la mezcla.

◇ Sagitario y Géminis son un tándem que se puede divertir muchísimo estando juntos, aunque puede pecar de inestabilidad, ya que a ambos les gustan los cambios. A los dos les gusta indagar en el plano intelectual y debatir, y los dos tienen un gran sentido del humor. Es una relación fácil, liviana y jovial.

◇ Sagitario y Cáncer plantean algunos interrogantes derivados de la mezcla entre el Cáncer, sensible y emocional; y el Sagitario, contundente y bastante insensible a la vez que divertido. Pero ambos tienen un carácter fuerte, de modo que, si la atracción está latente, tenderán a resolver los conflictos.

◇ Sagitario y Leo forman una pareja salvaje, apasionada y divertida con gran potencial para durar toda la vida, especialmente si Sagitario consigue frenar la honestidad implacable que puede herir el orgullo de Leo.

◇ Sagitario y Virgo son una mezcla peculiar de compatibilidad intelectual y diferencias emocionales, debido al carácter reservado e introvertido de Virgo, por lo general, y a la extroversión de Sagitario. Esta compatibilidad puede mejorar con el tiempo.

◇ Sagitario y Libra son una pareja llena de alegría y entusiasmo social. Si Libra puede sobreponerse al hecho de que a Sagitario le preocupen muy poco las apariencias, la relación funcionará sin problemas.

◇ Sagitario y Escorpio pueden ser un auténtico reto, ya que a Sagitario le gusta la libertad y carece de la intensidad emocional de Escorpio. No obstante, se fascinarán mutuamente, de modo que las diferencias podrán superarse con el tiempo.

CAPRICORNIO EN EL AMOR

Los Capricornio tardan en enamorarse, prefieren ser amigos primero, pero una vez que las cosas avanzan, son muy estables y se entregan para crear una vida en común con su pareja. En realidad, necesitan a alguien que comprenda su dedicación a la hora de forjar una base financiera segura y, casi siempre, una carrera profesional. No siempre son afectuosos en el plano emocional, sobre todo al principio de la relación.

Combinaciones románticas

◇ Capricornio y Capricornio se complementan muy bien, ya que ambos comparten su ambición, una ética de trabajo similar y el carácter reservado. Tiene mucho potencial para convertirse en una relación estable y duradera.

◇ Capricornio y Acuario pueden encontrarse con obstáculos, porque a Capricornio le gustan los objetivos y planes consolidados y Acuario es, en cambio, un espíritu libre que prefiere alcanzar metas a largo plazo sin un plan concreto para llegar a ellas. Sin embargo, ambos son decididos y eso puede favorecer que lleguen al punto de encuentro.

✧ Capricornio y Piscis son una pareja ideal, teniendo en cuenta que Capricornio aporta la practicidad y Piscis el apoyo creativo y emocional.

✧ Capricornio y Aries no son la combinación más fácil, pues Capricornio se caracteriza por la paciencia y la estabilidad, y Aries por su dinamismo y su impulsividad, pero la pareja puede resultar sumamente fructífera si ninguno de los dos trata de controlar al otro.

✧ Capricornio y Tauro son una combinación fabulosa con valores comunes en la mayoría de los ámbitos de la vida, y eso conjuga perfectamente la ambición de Capricornio y las preferencias hogareñas de Tauro. Los dos son sumamente compatibles.

✧ Capricornio y Géminis son una mezcla de estabilidad discreta y sociabilidad inestable, lo que puede acarrear diferencias. Si los dos consiguen aprender el uno del otro sin necesidad de criticarse, pueden llegar a un punto intermedio y tener respeto y comprensión mutuos.

✧ Capricornio y Cáncer son una amalgama. Pueden ser una pareja leal con una necesidad en común de seguridad y un hogar seguro, sin embargo, Cáncer necesita mucho cariño y Capricornio tiene que elegir conscientemente cómo mostrarlo. La clave es el equilibrio.

✧ Capricornio y Leo son testarudos, y si la atracción está ahí, significa que se esforzarán por hacer compatible el hecho de que Capricornio es más reservado y pesimista, y Leo es más extrovertido y optimista, aprendiendo el uno del otro.

✧ Capricornio y Virgo forman una pareja muy centrada y reservada en la que abundan los puntos de compatibilidad. Ambos disfrutan de la estabilidad y les gusta trabajar duro.

✧ Capricornio y Libra son una pareja con diferencias en cuanto a perspectivas, ya que Capricornio es estable, perseverante y ahorrador, y Libra es extrovertido y derrochador. No obstante, no se trata de diferencias insalvables.

✧ Capricornio y Escorpio forman un buen equipo en el que cada uno saca lo mejor del otro. Los dos tienen formas de trabajar y objetivos idénticos con los que se complementan a la perfección.

✧ Capricornio y Sagitario son una pareja en la que las diferencias pueden llegar a compensarse a pesar de lo que parecen ser enfoques opuestos, siendo Capricornio precavido y Sagitario precipitado en todo lo que abordan.

ACUARIO EN EL AMOR

Los Acuario son comprometidos y muy atentos en el amor, aunque no son cariñosos, y les cuesta llegar al punto de compromiso. Los acuarianos son personas de espíritu intelectual y querrán mantener largas charlas sobre grandes cuestiones con su pareja. Tienen una confianza innata en sí mismos, lo cual resulta muy atractivo para los demás.

Combinaciones románticas

✧ Acuario y Acuario están tan absortos y desapegados emocionalmente que la relación apenas tendrá intensidad emocional. A pesar de ello, también pueden optar por ser más amigos que otra cosa.

Compatibilidad por aspectos

En las relaciones, también deben tenerse en cuenta los aspectos entre los planetas de las dos cartas astrológicas. Esto también se puede aplicar a los aspectos entre diferentes planetas y ángulos, y no solo a los signos solares.

Lo que se describe a continuación se aplica en general (nótese que ninguno se considera bueno o malo, puesto que aquellos que nos desafían en una relación pueden empujarnos a crecer y desarrollarnos, siempre que se trate de un desafío sano).

Los planetas en signos adyacentes pueden tener dificultades para «ver» al otro, ya que difieren según el día y la noche, el elemento y la modalidad.

Los planetas pertenecientes a signos que están en sextil entre sí son armoniosos, pues comparten la misma energía diurna o nocturna.

Los planetas en signos en cuadratura son más desafiantes, porque siempre tienen energía diurna y nocturna, aunque comparten una modalidad.

Los planetas situados en signos en trígono son armoniosos, al compartir el mismo elemento y la energía diurna o nocturna.

Los planetas en signos que se encuentran en inconjunción, o quincuncio, son más retadores, porque son siempre energía diurna y nocturna, y son, además, menos compatibles por elemento y modalidad. Los planetas en signos opuestos comparten una modalidad y ambos son diurnos o nocturnos, pero son algo menos compatibles por elemento, aunque los dos suelen ser capaces de combinar sus fuerzas opuestas.

✧ Acuario y Piscis son una combinación inusual, ya que Acuario es una persona de pensamiento radical y Piscis es intuitivo y espiritual, y eso puede suponer un reto, ya que la persona de signo Piscis puede no ver satisfechas sus propias necesidades emocionales. Sin embargo, los dos son sumamente humanitarios y eso puede unirlos.

✧ Acuario y Aries se consideran mutuamente estimulantes y apasionantes, y conforman una buena pareja que mira con optimismo al futuro. Además, compartirán un gran sentido del humor.

✧ Acuario y Tauro son una pareja improbable con numerosas diferencias, pero ambos tienen una gran capacidad de resistencia, lo cual puede propiciar un vínculo estimulante que los una.

✧ Acuario y Géminis son un auténtico cruce de ideas y un emparejamiento muy dinámico. Su asociación estará llena de diversidad, diversión y una vida social muy animada.

✧ Acuario y Cáncer probablemente descubran que el desapego emocional de Acuario no satisface las necesidades de la persona emocionalmente necesitada que es Cáncer. Eso significa que los dos deberán dialogar a menudo sobre sus diferencias para que la relación funcione a largo plazo.

✧ Acuario y Leo no tienen mucho en común, pero eso no impedirá que esta relación les parezca interesante y apasionante, lo que puede contribuir en gran medida a que se produzca un punto de confluencia.

✧ Acuario y Virgo son una pareja de intelectuales con diferentes fortalezas que pueden ser complementarias, con Virgo aprendiendo a abrazar un poco el caos y Acuario aprendiendo a ser algo más organizado.

✧ Acuario y Libra forman una pareja adorable, ambos disfrutan del placer de la vida social y de la estimulación mental.

✧ Acuario y Escorpio son una pareja difícil e intensa que puede llegar a funcionar si la parte de Acuario aprende a demostrar algo de cariño y la parte de Escorpio aprende a confiar en su pareja.

✧ Acuario y Sagitario son una pareja muy divertida y los dos disfrutarán de un montón de aventuras juntos.

✧ Acuario y Capricornio son una combinación menos sencilla, que puede funcionar si ambos aprovechan su determinación mutua para limar asperezas, con la principal de ellas consistente en que a Capricornio le gusta la estabilidad y la seguridad, y estas no constituyen una prioridad para el acuariano.

PISCIS EN EL AMOR

En el amor, Piscis busca una conexión muy espiritual e intuitiva. Adoran amar a su pareja y hacerla sentir como la persona más especial del mundo, porque para los Piscis lo son. Son almas gentiles y de corazón abierto, lo que puede llevarlos a sentirse heridos fácilmente por personas menos sensibles.

Combinaciones románticas

◇ Piscis y Aries hacen tan buena pareja que es posible que nunca consigan hacer algo práctico en su mundo de ensueño.

◇ Piscis y Aries pueden funcionar si Aries adquiere algo de paciencia con su pareja soñadora. Si es así, Piscis lo apoyará incondicionalmente.

◇ Piscis y Tauro encajan muy bien, ya que ambos comparten su amor por el romanticismo y la lealtad, mientras que Tauro se encarga de poner los pies en la tierra y Piscis de aportar algo de imaginación a sus vidas.

◇ Piscis y Géminis se adaptan a la perfección, lo que puede permitirles superar, con comunicación, algunas diferencias de planteamiento considerables. Piscis quiere una conexión emocional mayor y a Géminis le gusta mantener la sencillez y la ligereza.

◇ Piscis y Cáncer son una pareja muy cariñosa y romántica; son casi compatibles desde el punto de vista de la psique.

◇ Piscis y Leo tienen un gran potencial como pareja si Leo se sumerge en el amor y la admiración de Piscis evita cualquier deseo de controlarlos y se esfuerza por comprender su naturaleza sensible.

◇ Piscis y Virgo son signos opuestos y pueden atraerse o repelerse. La clave es la integración de la naturaleza soñadora y romántica de Piscis y la practicidad de Virgo.

◇ Piscis y Libra son una pareja especialmente creativa y cariñosa si los dos pueden sobreponerse a la necesidad de Libra de ser social y a la de Piscis, por su parte, de ser más hogareño.

◇ Piscis y Escorpio hacen una pareja increíble con una intensa conexión emocional, lo que aporta una sensación de seguridad importante a estos dos signos de gran sensibilidad.

◇ Piscis y Sagitario son dos signos que se muestran especialmente flexibles y a los que les gusta centrarse en las áreas filosóficas de la fe y las creencias. Encajarán si consiguen equilibrar sus naturalezas introvertida y extrovertida.

◇ Piscis y Capricornio son una magnífica mezcla de sentido común y ensueño que casan muy bien.

◇ Piscis y Acuario pueden formar un buen tándem si se comprometen a respetar el carácter distante de Acuario y la sensibilidad emocional de Piscis.

La astrología es un tema eternamente fascinante en el que siempre hay algo nuevo que aprender. Con el buen manejo de este libro podrás entender tu carta astral con mayor detalle, utilizando un enfoque y un lenguaje más inclusivo.

PARTE 4

CONCLUSIONES ESENCIALES Y **APÉNDICES** ASTROLÓGICOS

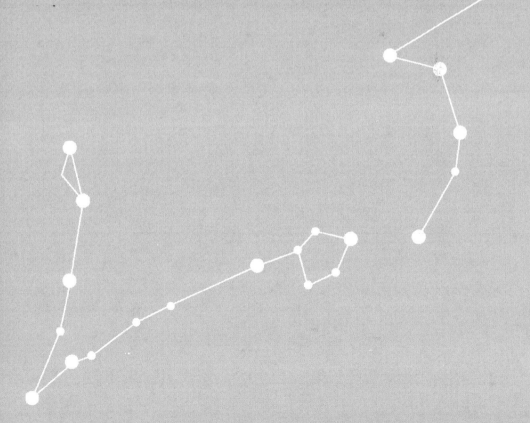

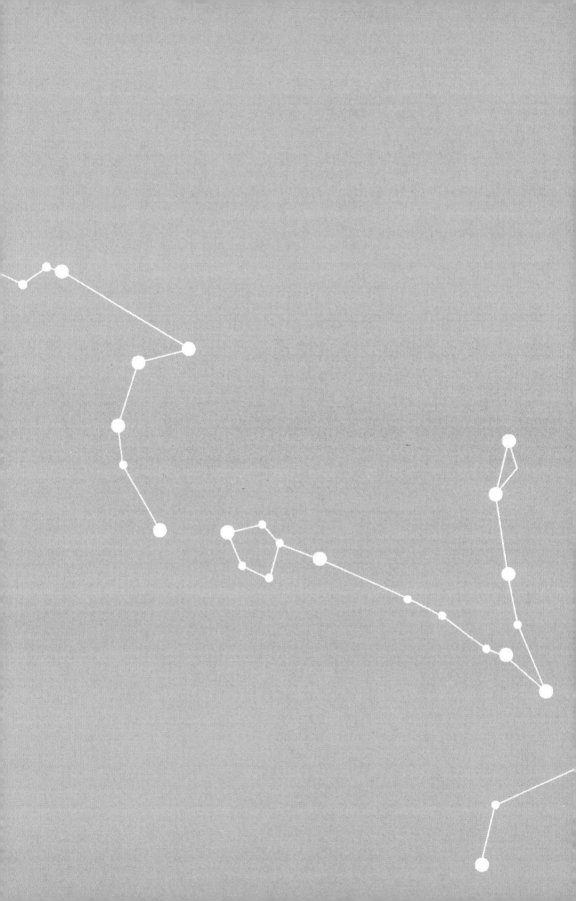

Conclusión

Confío en que este libro te haya permitido apreciar y comprender mejor los aspectos esenciales de la astrología, además de ofrecerte una nueva forma de interpretar la astrología en términos no binarios.

Tradicionalmente, los términos relativos al género en la astrología tienen como punto de partida los mitos patriarcales y los arquetipos que se ciñen al binarismo de género. Un ejemplo de ello lo constituye el planeta Saturno. En la mitología, Saturno era el dios de la agricultura, la riqueza y la generación, por lo que el reinado de Saturno se retrataba como una época en la que imperaba la abundancia y la paz. Todas estas características son propias del yin, es decir, del género femenino, y, sin embargo, a Saturno se le ha caracterizado en gran parte de la astrología como una energía sumamente masculina.

Otro ejemplo: el símbolo que representa a Capricornio, que es la cabra de mar, suele figurar solo como la cabra, que es más yang, y deja fuera la cola de pez, que es muy yin (la parte «marina» de «cabra de mar»).

Si esto te genera confusión, que la tiene, considero que se debe a que la sociedad patriarcal ha primado lo masculino en detrimento de lo femenino, hasta el punto en que gran parte del lenguaje que se emplea en las interpretaciones tradicionales de la astrología se ha tornado binario y sesgado. En la mitología en la que se basan nuestras interpretaciones astrológicas, las diosas femeninas solían representarse como malvadas y sedientas de venganza o como torpes y aburridas problemáticas, mientras que los dioses masculinos solían retratarse como héroes o líderes. Yo, en cambio, no estoy convencida de que los mitos comenzaran de esa manera, y son muchos los intentos de reivindicar una representación dotada precisamente de más matices.

Lo que sí sé con plena certeza es que los mitos son historias creadas para representar determinadas facetas de la naturaleza humana. Después de miles de años viviendo bajo un sistema patriarcal, se puede comprobar el reflejo del binarismo en nuestra forma de narrar historias. Nuestra necesidad humana de certidumbre y definición ha propiciado que veamos finitud y polaridad donde, en realidad, puede haber conexión e integración.

Por consiguiente, tal vez sea el momento de considerar la posibilidad de cambiar completamente el lenguaje para que desaparezca la representación de lo masculino como bueno e iluminado y de lo femenino como malo y oscuro. El nuevo lenguaje reconoce que hay cualidades buenas y malas tanto en lo masculino como en lo femenino y deja espacio para definir a una persona como algo más que uno u otro.

Mediante el uso de este nuevo lenguaje, es posible considerar una carta astral con una visión más holística de uno mismo como individuo, con diferentes rasgos que no son ni «buenos» ni «malos», sino simplemente diferentes. Con la aparición de la astrología moderna, los astrólogos se han ido alejando del uso del término «bueno» y «malo», pero tenemos el deber de ir un paso más allá y dejar de recurrir a los términos «masculino» y «femenino». Con ello se abre la puerta a una interpretación de la carta astral mucho más amplia y completamente nueva.

Este libro, en consecuencia, te invita a entrar en un espacio más creativo e imaginativo, a sentir las redes de conectividad que tejen todos los seres vivos, incluido el universo. Para sentir el pulso, la inhalación y la exhalación de todo lo que se encuentra en su multiplicidad y no linealidad. Este libro es una invitación a sentir el enredo en lugar de la separación con la que hemos enfocado los espacios astrológicos durante milenios.

En las últimas épocas astrológicas, en Piscis y en Aries, ha prevalecido la naturaleza patriarcal y se ha priorizado la energía diurna sobre la nocturna. El lenguaje utilizado en todos los mitos y materias como la astrología ha reflejado dicha naturaleza, dando más valor a la energía extrovertida y de «acción» que a la energía receptiva e intuitiva.

Nadie sabe lo que traerá consigo la era astrológica de Acuario, pero Acuario es un signo que simboliza el enredo y la conectividad. Su símbolo es la representación de las ondas, tal vez sea la teoría de las ondas cuánticas, las ondas del espíritu o de la energía; y los corolarios del signo, Saturno y Urano, representan una mezcla curiosa de lo ancestral y lo vanguardista, lo conservador y lo innovador. Acuario también es energía de grupo, otra forma de conectar, y representa los derechos y las causas humanitarias y humanas. Acuario es visionario y futurista.

Ahora que nos encontramos a las puertas de la nueva era astrológica, conviene que empecemos a mirar con detenimiento el lenguaje de la astrología y la forma en que nos aproximamos a ella de una manera renovada, más integradora y enmarañada. Por supuesto, los movimientos y los ciclos de los planetas no varían, pero, como vengo afirmando a lo largo de este libro, son nuestras percepciones y nuestro lenguaje los que deben cambiar. En la filosofía griega, el concepto de *logos* («palabra» en griego) es el principio divino que impregna el orden del universo. Este concepto sugiere que el lenguaje se ha utilizado durante mucho tiempo para dotar de sentido a lo que no entendemos. Por tanto, ahora es el momento de pensar de otra manera y de emplear un lenguaje diferente que nos permita adentrarnos en la nueva era.

Esta obra es una clara invitación a pensar de forma diferente y a empezar a sentir el universo que vive dentro de ti; una invitación para que habites las energías del día y de la noche en tu interior. Este libro es, sin duda, un libro para todos.

Glosario de terminología

Ángulos: ascendente (ASC), descendente (DSC), medio cielo (MC) e Imum Coeli (IC), los cuales se refieren a las cúspides de las Casas primera, séptima, décima y cuarta, respectivamente.

Ascendente (ASC): la cúspide de la primera Casa, también conocida como signo ascendente; el punto que se eleva en el horizonte oriental en el momento y el lugar de nacimiento.

Aspectos: relaciones angulares entre los puntos de la carta natal.

Asteroides: pequeños cuerpos rocosos que orbitan alrededor del Sol.

Casas: las 12 divisiones de una carta astral o natal, cada una de las cuales rige diferentes áreas de la vida.

Cúspide: el comienzo de una Casa en la carta astral o el lugar donde un signo termina y otro comienza.

Decanos: subdivisiones de cada signo astrológico en incrementos de 10°.

Descendente: cúspide de la séptima Casa de la carta natal, directamente opuesta al ascendente.

Dominio: signo en el que un planeta se encuentra en su mayor intensidad.

Eclíptico: línea imaginaria en el cielo que marca la trayectoria anual del Sol, una proyección de la órbita de la Tierra que a su vez delimita la línea por la que se producen los eclipses.

Elementos: fuego, tierra, aire y agua.

Glifos: símbolos utilizados para los signos astrológicos, planetas, luminarias y aspectos.

Hemisferio: plano o línea que divide la esfera celeste por la mitad, horizontal o verticalmente.

Luminarias: el Sol y la Luna.

Medio cielo: la cúspide de la Casa número 10 de la carta natal, el punto más alto del zodiaco en el momento del nacimiento, y la franja más pública de la carta.

Nodos: los dos puntos en los que la Luna, u otro planeta, cruza la eclíptica.

Orbe: número de grados de exactitud entre los grados de aspecto.

Planetas personales: planetas y luminarias que afectan a la personalidad de forma más directa: el Sol, la Luna, Mercurio, Venus y Marte.

Planetas regentes: los planetas que rigen cada signo.

Recepción mutua: cuando dos planetas ocupan cada uno el signo que rige el otro.

Retrógrado: movimiento aparente de retroceso de un planeta desde la perspectiva de la Tierra.

Signo del Sol: signo en el que se encuentra el Sol al nacer.

Signos cardinales: Aries, Cáncer, Libra, Capricornio.

Signos de agua: Cáncer, Escorpio, Piscis.

Signos de aire: Géminis, Libra, Acuario.

Signos de fuego: Aries, Leo, Sagitario.

Signos de tierra: Tauro, Virgo, Capricornio.

Signos fijos: Tauro, Leo, Escorpio, Acuario.

Signos mutables: Géminis, Virgo, Sagitario, Piscis.

Tránsito: movimiento continuo de los cuerpos planetarios en relación con el horóscopo. *Astrology for the Soul,* Jan Spiller (Bantam, 2009).

Tablas astrológicas

TABLA DEL SOL				
SIGNO	SÍMBOLO	FECHAS APROX.	PLANETAS REGENTES	ENERGÍA
Aries	♈	21 mar–20 abr	Marte	Día/Inhalación
Tauro	♉	21 abr–20 may	Venus	Noche/Exhalación
Géminis	♊	21 may–20 jun	Mercurio	Día/Inhalación
Cáncer	♋	21 jun–20 jul	Luna	Noche/Exhalación
Leo	♌	21 jul–20 ago	Sol	Día/Inhalación
Virgo	♍	21 ago–20 sept	Mercurio	Noche/Exhalación
Libra	♎	21 sept–20 oct	Venus	Día/Inhalación
Escorpio	♏	21 oct–22 nov	Marte tradicional Plutón moderno	Noche/Exhalación
Sagitario	♐	21 nov–20 dic	Júpiter	Día/Inhalación
Capricornio	♑	21 dic–20 ene	Saturno	Noche/Exhalación
Acuario	♒	21 ene–20 feb	Saturno tradicional Urano moderno	Día/Inhalación
Piscis	♓	21 feb–20 mar	Júpiter tradicional Neptuno moderno	Noche/Exhalación

TABLA DE ASPECTOS PLANETARIOS				
PLANETA EN EL SIGNO	BUSCA LA OPOSICIÓN EN...	BUSCA LAS CUADRATURAS EN...	BUSCA LOS SEXTILES EN...	BUSCA LOS TRÍGONOS EN...
Aries	Libra	Cáncer, Capricornio	Géminis, Acuario	Leo, Sagitario
Tauro	Escorpio	Leo, Acuario	Cáncer, Piscis	Virgo, Capricornio
Géminis	Sagitario	Virgo, Piscis	Leo, Aries	Libra, Acuario
Cáncer	Capricornio	Aries, Libra	Virgo, Tauro	Escorpio, Piscis
Leo	Acuario	Tauro, Escorpio	Géminis, Libra	Aries, Sagitario
Virgo	Piscis	Géminis, Sagitario	Cáncer, Escorpio	Tauro, Capricornio
Libra	Aries	Cáncer, Capricornio	Leo, Sagitario	Géminis, Acuario
Escorpio	Tauro	Leo, Acuario	Virgo, Capricornio	Cáncer, Piscis
Sagitario	Géminis	Virgo, Piscis	Libra, Acuario	Aries, Leo
Capricornio	Cáncer	Aries, Libra	Escorpio, Piscis	Tauro, Virgo
Acuario	Leo	Tauro, Escorpio	Aries, Sagitario	Géminis, Libra
Piscis	Virgo	Géminis, Sagitario	Tauro, Capricornio	Cáncer, Escorpio

TABLA PLANETARIA					
	SIGNO REGIDO	EXALTACIÓN	DETRIMENTO	CAÍDA	DÍA O NOCHE
Sol	Leo	Aries	Acuario	Libra	Día
Luna	Cáncer	Tauro	Capricornio	Escorpio	Noche
Mercurio	Géminis y Virgo	Virgo	Sagitario y Piscis	Piscis	Géminis (Día) Virgo (Noche)
Venus	Tauro y Libra	Piscis	Aries y Escorpio	Virgo	Tauro (Noche) Libra (Día)
Marte	Aries y Escorpio	Capricornio	Libra y Tauro	Cáncer	Aries (Día) Escorpio (Noche)
Júpiter	Sagitario y Piscis	Cáncer	Géminis y Virgo	Capricornio	Sagitario (Día) Piscis (Noche)
Saturno	Capricornio y Acuario	Libra	Cáncer	Aries	Capricornio (Noche) Acuario (Día)
Urano	Acuario	Escorpio	Leo	Tauro	Día
Neptuno	Piscis	Cáncer	Virgo	Capricornio	Noche
Plutón	Escorpio	Leo	Tauro	Acuario	Noche

TABLA DE DECANOS			
SIGNO	PRIMER DECANO 0–9°	SEGUNDO DECANO 10–19°	TERCER DECANO 20–29°
Aries	Marte/Aries	Sol/Leo	Júpiter/Sagitario
Tauro	Venus/Tauro	Mercurio/Virgo	Saturno/Capricornio
Géminis	Mercurio/Géminis	Venus/Libra	Saturno y Urano/Acuario
Cáncer	Luna/Cáncer	Marte y Plutón/Escorpio	Júpiter y Neptuno/Piscis
Leo	Sol/Leo	Júpiter/Sagitario	Marte/Aries
Virgo	Mercurio/Virgo	Saturno/Capricornio	Venus/Tauro
Libra	Venus/Libra	Saturno y Urano/Acuario	Mercurio/Géminis
Escorpio	Marte y Plutón/Escorpio	Júpiter y Neptuno/Piscis	Luna/Cáncer
Sagitario	Júpiter/Sagitario	Marte/Aries	Sol/Leo
Capricornio	Saturno/Capricornio	Venus/Tauro	Mercurio/Virgo
Acuario	Saturno y Urano/Acuario	Mercurio/Géminis	Venus/Libra
Piscis	Júpiter y Neptuno/Piscis	Luna/Cáncer	Marte y Plutón/Escorpio

Lecturas complementarias

El lenguaje secreto de los cumpleaños
Perfiles de la personalidad para todos los días del año,
Gary Goldschneider y Joost Elffers (Avery, 2013).

The inner sky
How to make wiser choices for a more fulfilling life,
Steven Forrest (Seven Paws Press, 2012).

Modern astrology
Harness the stars to discover your soul's true purpose,
Louise Edington (Althea press, 2018).

Mysteries of the dark moon
The healing power of the dark goddess, Demetra
George (Harper Collins, 1992).

Crea tu carta natal gratuita a través de:
alabe.com/freechart
astro.cafeastrology.com/natal.php
astro.com

Para encontrar tu ascendente
astro.com

Apps de astrología gratuitas
Time Nomad
Timepassages

Índice analítico

Sobre la autora

Louise Edington estudia y ejerce como astróloga desde hace 30 años, escribe diariamente *posts* de astrología que sirven de guía a los lectores en su vida.

Disfruta de todas las facetas de la astrología profesional, pero su principal pasión es la de ayudar a los clientes a recuperar la conexión profunda con los ciclos del universo, con el único fin de encontrar una verdadera aceptación y una mayor conciencia personal. Louise ofrece asesoramiento astrológico, clases de astrología, redacción y apoyo a través de una Comunidad Cósmica de Miembros.

Puedes conocer más sobre sus servicios en **louiseedington.com**

El primer libro de Louise, *Modern Astrology: Harness the Stars to Discover Your Soul's True Purpose*, está disponible a través de Amazon.

Notas

ANEXO

El horóscopo como rueda medicinal

NORTE: BLANCO

Aire

Animales

Reciben energía

Dimensión intelectual

Sabiduría y lógica

OESTE: NEGRO

Tierra/Físico

Alberga energía

Aspecto físico

Introspección
y perspicacia

CENTRO

Aprendizaje

Ser

Belleza
y armonía

ESTE: AMARILLO

Sol/Fuego

Aportan energía

Espiritualidad

Luz e iluminación

SUR: ROJO

Agua

Plantas

Aportan energía

Aspectos emocionales

Confianza e inocencia

Carta natal/astral
de Jodie Foster

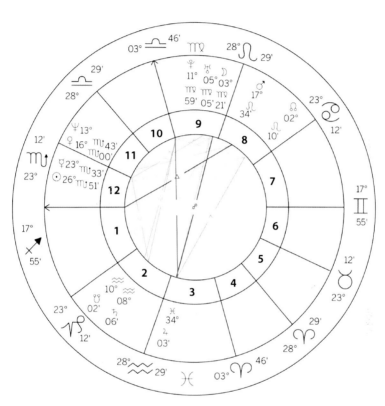

Jodie Foster
Natal. Lunes, 19/11/1962. 8:14 AM PST +8:00. Los Angeles, California. *Porfirio Tropical* .

Carta natal/astral
de Anderson Cooper

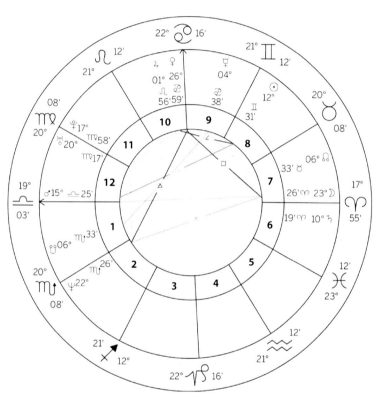

Anderson Cooper
Natal. Sábado, 03/06/1967. 3:46 PM EDT +4:00. Nueva York, Nueva York. *Porfirio Tropical.*